Romano Guardini

Berichte über mein Leben

Autobiographische Aufzeichnungen

Aus dem Nachlaß
herausgegeben von Franz Henrich

Patmos Verlag Düsseldorf

Über das Urheberrecht an den Werken Romano Guardinis
verfügt die Katholische Akademie in Bayern

CIP-Kurztitelaufnahme der Deutschen Bibliothek

Guardini, Romano:
Berichte über mein Leben :
autobiograph. Aufzeichnungen/Romano Guardini.
Aus d. Nachlaß hrsg. von Franz Henrich. – 4. Aufl. –
Düsseldorf : Patmos Verlag, 1985.
(Schriften der Katholischen Akademie in
Bayern ; Bd. 116)
ISBN 3-491-77625-2

NE: Katholische Akademie in Bayern <München>:
Schriften der Katholischen ...

4. Auflage 1985
Umschlaggestaltung: Peter J. Kahrl
Gesamtherstellung: F.L.Wagener GmbH & Co KG, Lemgo
ISBN 3-491-77625-2

INHALT

DIE SUCHE NACH DEM BERUF – PRIESTERTUM UND SEELSORGLICHE TÄTIGKEIT

7

Vorwort

Am 17. Februar 1985 jährt sich zum 100. Mal der Geburtstag von Romano Guardini (1885–1968), einem der bedeutendsten Religionsphilosophen, Theologen, Pädagogen und Literaturinterpreten. Die Katholische Akademie in Bayern weiß sich seit ihrem Beginn (1957) dem Werk Guardinis besonders verbunden. Mit Vertrag vom 8. Dezember 1982 hat sie sich gegenüber den Erben Romano Guardinis verpflichtet, Sorge zu tragen für das Weiterleben seines Werkes, was u. a. Wahrnehmung seiner Autorenrechte, Betreuung und eventuell Veröffentlichung des literarischen Nachlasses, Vorbereitung einer Gesamtausgabe sowie Aufbau eines Guardini-Archivs umfaßt. Zusammen mit dem von Guardini zur Betreuung seines literarischen Nachlasses testamentarisch eingesetzten Sachverständigengremium nimmt die Akademie den 100. Geburtstag zum Anlaß, Romano Guardinis autobiographische Aufzeichnungen „BERICHTE ÜBER MEIN LEBEN" im Druck vorzulegen. In das Sachverständigengremium waren einst von Romano Guardini folgende Persönlichkeiten berufen worden: Prof. Dr. Werner Dettloff, Dr. Felix Messerschmid (Vorsitzender, † 1981), Prof. Dr. Johannes Spörl († 1977) und Dr. Bernardine Sugg-Bellini († 1979). Heute gehören dem Gremium als stimmberechtigte Mitglieder an: Prof. Dr. Dr. Eugen Biser, Prof. Dr. Werner Dettloff, Prof. Dr. Richard Heinzmann, Dr. Franz Henrich (Vorsitzender); beratende Mitglieder sind: Giuliano Guardini und Dr. Hans Mercker.

Sachverständigengremium und Herausgeber haben sich die Entscheidung, dieses Dokument zu veröffentlichen, nicht leicht gemacht. Die „BERICHTE" sind in zwei maschinenschriftlichen Exemplaren in Klemmappen erhalten, die sich in den Nachlässen von zwei Freunden Romano Guardinis fanden: das Original bei Johannes Spörl und der erste Durchschlag bei Felix Messerschmid, der auch Testamentsvollstrecker Guardinis war. In Messerschmids Exemplar fanden sich als lose Blätter die Texte „FÜR DEN TODESFALL" (5. 2. 1964) und „AUS EINEM TRAUM" (1. 8. 1964).

Die Tatsache, daß diese Ansätze zu einer Autobiographie nicht im eigentlichen literarischen Nachlaß Guardinis enthalten waren, läßt vermuten, daß der Autor die Entscheidung, ob und in welcher Form die „BERICHTE" einmal veröffentlicht werden sollten, dem Urteil der ihm seit der Rothenfelser Zeit verbundenen jüngeren Freunde überlassen wollte. In diese Richtung weist nachdrücklich auch „EIN BRIEF ZUR EINLEITUNG an Johannes Spörl" vom 12. 2. 1945. In der fast zwei Jahrzehnte nach der Niederschrift der „BERICHTE" datierten Notiz „FÜR DEN TODESFALL" gibt Guardini zu bedenken, daß die durch seine Berufung nach Tübingen unterbrochenen und nicht wieder aufgenommenen Aufzeichnungen nicht reif zur Veröffentlichung seien, da u. a. die Zeit bis zu seinem 60. Lebensjahr nicht in ihrer vollen Bedeutung gesehen sei.

Nach dem Tod Romano Guardinis und auch seiner Freunde Johannes Spörl und Felix Messerschmid war das Sachverständigengremium zu einer Entscheidung gefordert. Sicher hat der Autor seine sorgfältig konzipierten und mehrmals korrigierten Aufzeichnungen nicht zweifach an Vertraute weitergegeben, um sie unter Verschluß halten oder gar vernichten zu lassen. Daß einem Autor zwanzig Jahre nach der Niederschrift Bedenken kommen, ob dieser Torso publikationsreif sei, ist verständlich. Entscheidend ist, daß Romano Guardini, wie aus dem „BRIEF ZUR EINLEITUNG an Johannes Spörl" klar hervorgeht, mit seinen „BERICHTEN" möglichen Fehldeutungen seiner Person entgegenwirken wollte. All dies hat das mit der

Betreuung des literarischen Nachlasses Romano Guardinis beauftragte Gremium bewogen, Bedenken zurückzustellen und dieses Werk der Öffentlichkeit nicht länger vorzuenthalten, ähnlich wie Dr. Felix Messerschmid als Vorsitzender der Nachlaßkommission mit den Tagebuchaufzeichnungen verfuhr. Es wäre darüber hinaus unredlich, andere Autoren anläßlich des 100. Geburtstages Vermutungen über die Person Romano Guardinis anstellen zu lassen, wenn sich Authentisches in dem Archiv der Katholischen Akademie in Bayern befindet.

Die „BERICHTE ÜBER MEIN LEBEN" entstanden in den Jahren 1943 bis 1945 in Mooshausen im Allgäu, wo der Autor nach der von den Nazis verfügten Aufhebung seines Berliner Lehrstuhls die letzten Jahre des Zweiten Weltkrieges im Pfarrhaus seines Freundes Josef Weiger verbrachte. Sie entstanden kurz vor seinem 60. Geburtstag, als er wenig in der Öffentlichkeit wirken konnte und kaum mehr mit einer beruflichen Reaktivierung rechnen durfte. Der Text ist dergestalt gegliedert, daß nach dem „BRIEF ZUR EINLEITUNG an Johannes Spörl" zwei in sich geschlossene und mit römischen Ziffern gegliederte Hauptteile folgen, die im wesentlichen über den gleichen Zeitabschnitt im Leben Romano Guardinis berichten, ihn aber aus unterschiedlichem Blickwinkel betrachten. Der erste Hauptteil „PROFESSUR UND LEHRTÄTIGKEIT" (in der redaktionellen Fassung vom 14. bis 19. 2. 1945) setzt mit dem Zeitpunkt ein, wo Guardini daran denkt zu promovieren. Der zweite Hauptteil „DIE SUCHE NACH DEM BERUF – PRIESTERTUM UND SEELSORGLICHE TÄTIGKEIT" (in der redaktionellen Fassung vom 21. 2. bis 6. 3. 1945) umfaßt darüber hinaus die Zeit von den Kinderjahren bis zum Ende der Studienzeit. An verschiedenen Stellen deutet der Autor an, er werde auf bestimmte Fragen oder ganze Personenkreise später oder an anderer Stelle zu sprechen kommen. Dies wird meist nicht erfüllt. Es fehlen also so wichtige Themenkomplexe wie Jugendbewegung – Quickborn – Burg Rothenfels, wie liturgische Erneuerung und Bewegung, wie Begegnungen mit Wissenschaftlern, Künstlern, Publizisten und Freunden usw.

Daß beide Hauptteile als relativ selbständig zu betrachten sind, geht im Manuskript aus der jeweils neu beginnenden Seitenzählung und Numerierung der Kapitel hervor, doch zeigt sich andererseits die Zusammengehörigkeit beider Teile in der maschinenschriftlichen Doppelzählung der Seiten im zweiten Hauptteil. Original und Durchschlag des maschinenschriftlichen Textes liegen in der zweiten Redaktionsstufe vor und sind mit einer Reihe handschriftlicher Korrekturen Guardinis versehen, die sich im wesentlichen auf stilistische Verbesserungen beschränken. Als Druckvorlage legte der Herausgeber das Original zugrunde, weil es stärker durchkorrigiert ist und mehr handschriftliche Eintragungen als der Durchschlag enthält. Nur dort, wo die Korrekturen des Durchschlags über jene des Originals hinausgehen, wurden sie für den Druck übernommen. Eigentümlichkeiten Romano Guardinis in Sprache, Orthographie und Zeichensetzung blieben unverändert. Auch kleinere zeitliche Erinnerungslücken sowie gelegentliche Verwechslungen blieben im Text selbst unangetastet, wurden dafür aber im Registerteil richtiggestellt.

Um dem Leser die Orientierung zu erleichtern, hat der Herausgeber eine Inhaltsübersicht vorangestellt und im Anhang Verzeichnisse der erwähnten Namen, Orte, Publikationen Romano Guardinis sowie eine Zeittafel beigefügt, für deren Erstellung Herrn Dr. Hans Mercker sehr herzlich gedankt sei. Im übrigen sei darauf hingewiesen, daß weitere Einblicke in hier nicht berücksichtigte Lebensjahre Guardinis von 1945 bis zum Todesjahr 1968 z. B. folgende zwei Schriften Romano Guardinis geben: Wahrheit des Denkens und Wahrheit des Tuns. Notizen und Texte 1942 bis 1964. Aus nachgelassenen Aufzeichnungen herausgegeben von Felix Messerschmid, Paderborn 1980, sowie: Stationen und Rückblicke, Würzburg 1965. Der Komplex Guardini und Jugendbewegung ist in dem

Buch von Franz Henrich, Die Bünde katholischer Jugendbewegung, München 1968, behandelt. Kleinere autobiographische Hinweise finden sich in Aufsätzen, welche anläßlich von Geburts- und Gedenktagen über Romano Guardini geschrieben worden sind, sowie in Biographien von Zeitgenossen, die über Begegnungen mit Romano Guardini berichten. Die anläßlich des 10. Todestages Guardinis von der Katholischen Akademie in Bayern herausgegebene Bibliographie Romano Guardini. Guardinis Werke, Veröffentlichungen über Guardini, Rezensionen. Erarbeitet von Hans Mercker (Paderborn 1978) gibt umfassenden Aufschluß.

Der vorliegende Text stellt weder eine vollständige Autobiographie dar noch eine Autobiographie im herkömmlichen Sinn, strukturiert nach Lebensdaten und dem Ablauf äußerer Ereignisse. In diesen Aufzeichnungen spürt Guardini immer der inneren Sinnlinie nach, die ihn zu seinem Auftrag, zu seinem Weg, zu dem ihm zugesprochenen Wort, seinem Paßwort (vgl. „AUS EINEM TRAUM") führen soll. Zeit seines Lebens ist Romano Guardini mit persönlichen Mitteilungen sehr zurückhaltend gewesen. Seine hier vorgelegten „BERICHTE ÜBER MEIN LEBEN" sind nicht nur ein zeit- und kirchengeschichtliches Dokument von hohem Rang, sondern geben vor allem in bewegender, zum Teil erschütternder Offenheit den Blick frei auf Herz und Kopf eines gläubigen Christen, Priesters und Professors. Persönlichkeit und Lebenswerk erscheinen nun vor einem bisher nicht bekannten Hintergrund in neuem Licht, das den erneuten Zugang zu seinem unersetzbaren Werk erleichtern könnte. Entscheidend ist nicht das, was uns gefällt oder mißfällt, „sondern was wahr ist"!

München, im Oktober 1984   *Franz Henrich*

EIN BRIEF ZUR EINLEITUNG

an Johannes Spörl

Lieber Freund!

In einigen Tagen vollende ich mein sechzigstes Lebensjahr, und man ist sich ja wohl darüber einig, daß das den Eintritt ins Alter bedeutet. Ich sage das nicht elegisch, denn ich rechne, wenn Gott sie mir schenken will, noch mit etlichen Jahren des Schaffens und Wirkens. Doch kann ich auch nicht leugnen, daß vor allem die letzten anderthalb Jahre mit ihrer endlosen Zerstörung mir sehr nahe ans Leben gekommen sind, und seitdem im Innern doch etwas anders geworden ist. Auch geschieht es mir in der letzten Zeit oft, zu träumen und darin Menschen zu begegnen, die weit zurückliegenden Zeiten meines Lebens angehören; und ich entsinne mich, daß einmal eine alte Freundin sagte, das pflege zu geschehen, wenn das Alter nahe, denn es bedeute, daß das Leben nach seinen Wurzeln sucht. Wenn aber in diesen Tagen der Uhrzeiger des eigenen kleinen Lebens einer wichtigen Stunde zurückt, dann tut das der Zeiger der großen Uhr, der Geschichte, auch; derart gewaltig und bedrängend, daß man manchmal nicht weiß, wie man es überstehen soll.

So kam mir heute morgen der Gedanke, ob es nicht an der Zeit sei, auf das eigene Leben zurückzuschauen und darüber Rechenschaft zu geben. Vor allem mir selbst. Die verschiedenen Motive und Kräfte, welche das seltsame Geflecht, Dasein genannt, zusammenweben, haben Zeit gehabt, sich zu zeigen; die richtungweisenden Fügungen haben sich geknüpft und die meisten Entscheidungen sind gefallen; so wird der Blick wohl einen Zusammenhang erkennen können, der Besinnung und Dank möglich macht und dem noch verbleibenden Stück des Weges Licht und Kraft gibt.. Du hast aber auch schon mehrmals darüber gesprochen, Du wollest einmal meine Biographie schreiben. An sich liegt der Gedanke mir fern. Jeden Menschen gibt es nur einmal, und kein Lebensgang wiederholt sich; so kann man im Grunde das Eigenste seines Wesens und Weges nicht zeichnen. Die Bibliotheken sind voll von Biographien, aber es ist gut, daß die Leute, von denen sie handeln, tot sind; ich glaube nicht, daß sie über die Bilder, welche man da von ihnen gezeichnet hat, sehr erfreut wären. Meinem ersten Gefühl nach würde ich auf die Frage, ob ich eine Darstellung meines Lebens wünsche, mit Nein antworten. Immerhin stehe ich aber nun schon seit über dreißig Jahren in der Öffentlichkeit, und die Reihe meiner Schriften ist nachgerade lang geworden. So wird man einmal wissen wollen, wer der Mann war, der da geredet und geschrieben hat; und da wäre es mir denn doch lieb, wenn das Bild einigermaßen richtig geriete. Also werde ich wohl gut tun, selbst etwas zu meiner Person und Sache zu sagen.

Die Frage ist nur, wie ich das machen soll. Das Nächstliegende wären richtige Lebenserinnerungen, die, so weit zurückgehend, als das Gedächtnis reicht, Jahr um Jahr die Reihe der Geschehnisse, den Gang der äußeren Fügungen und inneren Entwicklungen zu erzählen hätten. Es hat keiner langen Überlegung bedurft, um mir klar zu machen, daß ich dazu nicht im Stande bin. Ich bin kein Mann des Erinnerns. Mir ist die Zukunft immer wichtiger gewesen als die Vergangenheit. Eine solche Darlegung würde daher allzu viele Lücken aufweisen. Ich könnte es aber so machen, daß ich eine Reihe von Kapiteln schriebe, deren jedes einen besonderen Faden aus dem Gewebe des Geschehenen und Gewordenen herauslöste und ihn durch die Jahre hindurch verfolgte; oder auch von irgend einer Provinz des Lebens spräche und zu zeigen versuchte, wie sich darin allerlei Fäden zu einem Zusammenhang verflochten haben. Das hätte den Vorteil, daß ich nicht vollständig zu sein brauchte und doch das Ergebnis immer etwas relativ Geschlossenes bedeutete. Ich könnte immer anfangen, wo es mich lockte; und wenn mir – was sehr wohl möglich ist, denn ich bin, wie gesagt, kein Mensch des Erinnerns – das Ganze langweilig würde, könnte ich ohne großen Schaden aufhören.. So will ich es also versuchen, und Du magst dann damit tun, was Dir richtig scheint.

Du, lieber Johannes, bist auch draußen, und die große Geschichte ist in der unmittelbarsten Weise zu deiner persönlichen geworden. Daß ich diese Erinnerungen sozusagen Dir erzähle, bedeutet zugleich den Wunsch, Du mögest sie bald nach glücklicher Rückkehr lesen und, als der Schreiber von Geschichte, der Du ja bist, benutzen können.

Mooshausen, den 12. Februar 1945.

FÜR DEN TODESFALL

Berichte aus meinem Leben

Nach meinem Weggang von Berlin habe ich während meines Aufenthaltes in Mooshausen 1943–45 Aufzeichnungen über mein Leben, meine geistige Entwicklung usw. gemacht. Diese Arbeit wurde 1945 durch meine Berufung nach Tübingen unterbrochen und ist seitdem nicht wieder aufgenommen worden.

Wie es jetzt vorliegt, ist das Ergebnis nicht reif zur Veröffentlichung. Einmal, weil es nur bis zu meinem sechzigsten Lebensjahr führt; dann aber, weil dadurch auch das vor dieser Zeit Liegende noch nicht seine volle Bedeutung bekommen hat.

5. 2. 1964

AUS EINEM TRAUM

Heute Nacht, aber es war wohl morgens, wenn die Träume kommen, dann kam auch zu mir einer. Was darin geschah, weiß ich nicht mehr, aber es wurde etwas gesagt, ob zu mir oder von mir selbst, auch das weiß ich nicht mehr.

Es wurde also gesagt, wenn der Mensch geboren wird, wird ihm ein Wort mitgegeben, und es war wichtig, was gemeint war: nicht nur eine Veranlagung, sondern ein Wort. Das wird hineingesprochen in sein Wesen, und es ist wie das Paßwort zu allem, was dann geschieht. Es ist Kraft und Schwäche zugleich. Es ist Auftrag und Verheißung. Es ist Schutz und Gefährdung. Alles, was dann im Gang der Jahre geschieht, ist Auswirkung dieses Wortes, ist Erläuterung und Erfüllung. Und es kommt alles darauf an, daß der, dem es zugesprochen wird – jeder Mensch, denn jedem wird eins zugesprochen – es versteht und mit ihm ins Einvernehmen kommt. Und vielleicht wird dieses Wort die Unterlage sein zu dem, was der Richter einmal zu ihm sprechen wird.

1. 8. 1964

PROFESSUR UND LEHRTÄTIGKEIT

I

Ich bin nun seit eineinhalb Jahren hier, in Mooshausen, einem kleinen Dorfe im schwäbischen Allgäu. In dieser Zeit ist das Heimweh nach der akademischen Lehrtätigkeit, mit der ich abgeschlossen zu haben glaubte, wieder sehr gewachsen. Im Frühjahr 1939 wurde der Lehrstuhl aufgehoben – vor etwa einem halben Jahre habe ich in Stuttgart, eingeladen von der dortigen Hölderlin=Gesellschaft, in einem Hörsaal der technischen Hochschule einen Vortrag über „Die Landschaft in Hölderlins Dichtung" gehalten. Eigentlich war es das einzige Mal, daß ich mich seitdem ganz an meinem Platz gefühlt habe. Niemand weiß, was die Zukunft bringt: wer weiß, vielleicht werde ich doch noch einmal gerufen..

Als ich gestern überlegte, womit ich diese „Berichte" anfangen solle, dachte ich, zuerst müsse ich erzählen, wie mein Weg zur Universität und dann durch ihre Welt hin gegangen ist. Das entspricht sicher nicht einer guten historischen Methode; es sagt aber wahrscheinlich etwas über die Schichtung der geistigen Motive in meinem Leben, daß dieses sich zuerst zu Wort meldete.

Wann der Gedanke an die akademische Lehrtätigkeit in meinem Leben zum ersten Mal auftauchte, kann ich nicht mehr sagen; jedenfalls nicht, bevor ich zur Theologie kam, denn bis dahin war alles ganz verworren. Wahrscheinlich ist es geschehen, als ich nach neunsemestrigem Universitätsstudium, von welchem vier der Theologie gewidmet waren, ins Mainzer Priesterseminar eintrat. Im allgemeinen kamen die Theologen unmittelbar aus dem Knabenkonvikt dorthin. Nur selten hatte einer, und sei es ganz kurz, die Universität besucht. So erschien dieser Studiengang wahrscheinlich von vornherein als etwas Besonderes. Ich erinnere mich auch, daß mein Vater, der meiner Absicht, Priester zu werden, nur widerstrebend nachgab, den Wunsch geäußert hat, ich solle jedenfalls promovieren. Diesen Wunsch hat er auch dem damaligen Regens des Priesterseminars, Prof. Dr. Becker, gegenüber ausgesprochen. Letzterer sagte zwar nichts zu, verlangte vielmehr, ich solle es genau so machen wie alle, ließ aber die Möglichkeit offen. Dadurch entstand eine Art Präsumtion, mein Weg werde wohl in die Richtung der Lehrtätigkeit gehen.

Als ich ordiniert war, nahm der Gedanke eine genauere Form an. Die Ordination war zwar nicht ohne Schwierigkeiten vor sich gegangen. Zusammen mit meinem Freunde Karl Neundörfer, der ein Semester nach mir eingetreten war, hatte ich mir allerlei Kritik erlaubt, und das Professorenkollegium war darüber so beunruhigt gewesen, daß die Meinung geäußert worden war, man solle uns doch lieber gehen lassen. Das hat uns aber doch nichts geschadet, und wir waren, wenn auch mit einem Semester Verzögerung, zum Ziel gekommen. Nach zwei Zwischenstationen, über die ich noch berichten werde, kam ich als Kaplan nach St. Christoph in Mainz. Dessen Pfarrer war dafür bekannt, daß er seinen Kaplan nichts Wesentliches tun ließ, so galt es als ein Posten, an welchem man Zeit hatte. Ich sollte dort mit meiner Promotionsarbeit anfangen.

Mit der ging es aber nicht so einfach. Zuerst die Frage des Themas. Vom Regens des Seminars empfohlen, wendete ich mich um Rat an Prof. Dr. Grabmann, der damals den dogmatischen Lehrstuhl in ... inne hatte. Er hielt sich gerade in Bad Wörishofen auf, und von dem Besuch dort ist mir eigentlich

22

nur das Bild in Erinnerung geblieben, wie die Leute unter strömendem Regen mit bloßen Füßen herumliefen. Alles Übrige habe ich – außer einem Eindruck von Freundlichkeit seitens Grabmanns – vergessen. Er hat mir nämlich nicht helfen können; wahrscheinlich lag der Grund an mir. Zu welchem Thema er mir riet, weiß ich nicht mehr.

Also versuchte ich es selbst. Schon in Tübingen war ich, von Beuron angeregt, an die liturgischen Dinge gekommen. Als ich dann nach der Subdiakonatsweihe angefangen hatte, das Brevier zu beten, hatten die Responsorien nach den Lesungen der Matutin auf mich einen besonderen Eindruck gemacht. So faßte ich den Plan, über sie zu arbeiten. Ich wollte – in Anlehnung an die Methoden der kunstwissenschaftlichen Analyse – untersuchen, nach welchen Gesetzen sie gebaut seien, wie sie zu den Lektionen und überhaupt im Gefüge der Matutin stünden, welche Gedanken in ihnen hervorträten usw. Über die Frage, in welcher theologischen Disziplin dieses Thema sich einzuordnen habe, machte ich mir wohl nicht viel Gedanken – wie ich sie mir im Grunde genommen nie gemacht habe. Für „Fächer" habe ich nie viel Sinn gehabt, und es war eine sehr gütige Fügung, die mir erlaubt hat, unbehindert durch Fachzäune meinen Weg zu gehen. Immerhin mußte ich mich aber doch für ein Fach entscheiden, da ja davon die Wahl des promovierenden Professors abhing; und da für mich nur Freiburg in Betracht kam, fuhr ich zu Prof. E. Künstle, der u. a. auch über Liturgik las. Ich legte ihm meine Absichten dar, muß aber damit keinen guten Eindruck hervorgerufen haben. Er war Historiker und konnte sich nicht denken, wie ich die Sache anfassen wollte – ich aber, der keiner war, konnte es ihm nicht sagen. Was ich vorbrachte, hielt er für Belletristik und riet mir, die Sache doch sehr zu überlegen.

Damit habe ich einen Punkt berührt, der mir noch lange Zeit Schwierigkeiten machen sollte. In der Zeit um die Jahrhundertwende war „Wissenschaft" entweder Naturwissenschaft oder Historie. Im katholischen Bereich ebenfalls, nur noch, im Hinblick auf die insgeheim als Maßstab anerkannte allgemeine Forschung, mit einer gewissen ängstlichen Enge dazu. Theologisch wissenschaftlich arbeiten hieß, feststellen, was die und die Zeit, oder der und der Mann über eine Frage gedacht hatten. Das interessierte mich aber nicht, und hat es auch bis zur Stunde nicht getan.

Ich sah wohl die Bedeutung solcher Untersuchungen gerade für die katholische Theologie, welche die kirchliche Tradition als Trägerin der Offenbarung erkennt; was mich aber spontan interessierte, war nicht die Frage, was einer über die christliche Wahrheit gesagt hat, sondern was wahr ist. So habe ich lange Zeit in einer schiefen Situation gestanden: ich wollte wissenschaftlich Gültiges finden und sagen, konnte es aber in der einzig anerkannten Form nicht tun. Andererseits wußte ich nicht, in welcher Weise ich es tun sollte, um dabei selbst zufrieden zu sein und die anderen überzeugen zu können. Ich habe Jahre hindurch historisch arbeiten müssen, ohne es ordentlich zu können; wenn ich aber versuchte, dabei das zu sagen, worauf es mir eigentlich ankam, hatte ich immer das Gefühl, die Beurteiler wüßten nicht recht, was sie damit anfangen sollten.

Ich kehre zurück. Allmählich überzeugte ich mich, daß es mit dem Responsorienthema auch nichts war. Inzwischen war der Zeitpunkt meiner Beurlaubung gekommen, und ich ging im Frühjahr (?) 1912 nach Freiburg. Dort befand sich das „Collegium Sapientiae", auch einfachhin „die Burse" genannt, eine Gründung des Kanonisten Heiner, wo diejenigen, die nach Vollendung ihrer Studien weiterarbeiten wollten, in einer losen Gemeinschaft wohnten. Nach den Statuten hatte jede Diözese das Recht, jemanden dafür zu präsentieren, und für mich war ein Platz frei geworden. Ich bekam das Moufang-Stipendium, die Zinsen einer – sehr wenig für ihren eigentlichen Zweck in Anspruch genommenen – Studienstiftung eines früheren Mainzer Generalvikars. Diese sollten, so bestimmte

mein Vater, für die außergewöhnlichen Aufwendungen dienen; für den laufenden Unterhalt wollte er selbst sorgen.

Ich war also wieder an der Universität und sollte bis zum
Sommer 1915 dort bleiben. Es war eine schöne Zeit. Wissenschaftliche Arbeit, anregende persönliche Beziehungen und
das Deutlichwerden des eigenen geistigen Wollens verweben
sich in meiner Erinnerung mit dem Bilde der schönen, nun
zerstörten Stadt.

Der Anfang jener Zeit war aber nicht leicht. Die Frage
nach dem Dissertationsthema erhob sich beunruhigend. Diese
Unsicherheit war nichts Zufälliges. Sie hat mir, wie ich noch
berichten muß, auch unter anderen Rücksichten und zu anderen Zeiten meines Lebens zu schaffen gemacht, und gehört
wohl zu den Dingen, die mir, sei es als Aufgabe, sei es als
Last, auferlegt sind.. Ich kam – wie, weiß ich nicht mehr, jedenfalls auf gute Weise – mit Künstle auseinander und ent-
schied mich für Dogmatik; sowohl aus eigener Neigung, da ich
in diesem Fach das Zentrum der Theologie sah, als auch, weil
man es in Mainz wünschte. Eine Promotion um der wissenschaftlichen Fortbildung willen gab es dort nicht; wer seinen
Doktor machte, tat es zu einem bestimmten Zweck. Bei mir
war es, daß ich bereit sein sollte, die Dogmatikprofessur am
Seminar zu übernehmen.

Also ging ich zu Prof. Carl Braig. Ich hatte schon früher seinen „Abriß der Philosophie" studiert und von manchen Teilen
– genauer muß ich wohl sagen: Sätzen – einen starken Eindruck gewonnen. Ein philosophischer Urlaut war darin. Man
schätzte ihn nicht sehr. Er war von Tübingen gekommen. Von
Hause Philosoph, hatte er dann eine theologische Professur
übernommen. Seine Vorlesungen waren zu schwer. Er war
ein Grübler. Ich sehe ihn noch, wie er, mit einem kleinen
Bleistift in der Hand, auf die Spitze dieses Bleistiftes schaut
und ganz versunken redet.. Als ich bei meinem Besuch auf ihn
zutrat, machte er eine kleine Bewegung des Zurückweichens.
Später erfuhr ich, daß er immer so tue; es war für ihn charak-

teristisch. Ich sagte ihm, welchen Eindruck sein „Abriß" auf mich gemacht hätte; da erwiderte er in seinem schwäbischen Tonfall: „Ich weiß gar net mehr, was ich g'schrieben hab." Auch das war charakteristisch: er hatte aufgeben müssen, was ihm eigentlich wichtig gewesen war. Dann erzählte ich ihm, woher ich komme, was man mit mir vorhabe und fragte ihn wegen eines Themas. Er riet mir zu einem Vergleich zwischen Thomas von Aquin und Wilhelm Wundt. Ich erinnere mich nicht mehr, wo der Vergleichspunkt liegen sollte; jedenfalls wundere ich mich heute noch, wie ein akademischer Lehrer ein solches Thema geben konnte.

Natürlich ging es auch damit schief. Ich konnte mit ihm nichts anfangen und stand nach kurzer Zeit wieder vor dem Nichts. Das war sehr schlimm, besonders mit Rücksicht auf Mainz; auf das geringe Verständnis, das man dort überhaupt für wissenschaftliche Tätigkeit hatte und – wie ich jetzt aus der Rückschau hinzufüge – auf das Mißtrauen gegenüber meiner Person, das von Anfang an da gewesen sein muß. Ich war denn auch ganz verzweifelt und wußte einfach nicht, was tun. Da riet mir ein Bekannter, zu dem damaligen Privatdozenten Engelbert Krebs zu gehen, der als klug und hilfsbereit galt, und dem man große geistige Unbefangenheit nachrühmte. Das tat ich und habe es nicht bereut. Er wies mich auf den heiligen Bonaventura, von welchem die kritische Ausgabe von Quaracchi vorlag, sodaß das erste Erfordernis für eine systematische Untersuchung gegeben war. Und zwar sollte ich seine Erlösungslehre behandeln.

So hatte ich denn endlich mein Thema und habe an ihm durch anderthalb Jahre gearbeitet. Eine ziemlich lange Zeit, was man denn auch von Mainz her nicht anzudeuten verfehlte. Daß ich so lange gebraucht habe, hing mit den oben beschriebenen Schwierigkeiten in meiner geistigen Situation zusammen. Ich sollte historisch arbeiten; meine Interessen gingen aber auf systematische Fragen. Einige Jahre vorher hatte ich die Gedanken, die ich zusammen mit Karl Neundörfer ausgearbeitet hatte, und von denen ich noch ausführlich berichten muß, nämlich die Gegensatzlehre, genauer formuliert. Darauf hatten wir eine Theorie der psychologischen Typen, denen Grundstrukturen des kulturellen Lebens entsprechen sollten, aufgebaut. Dieses Prinzip wollte ich hier durchführen. Bonaventura war in besonderer Weise dafür geeignet, denn seine Theologie vereinigt verschiedene Elemente. Er ist Augustinianer, der sich mit einiger Mühe in die aristotelische Zeitströmung fügt, und im übrigen mehr „homo religiosus" und Mystiker als Theoretiker. So konnte ich tatsächlich aus seinen Schriften das, worauf es mir ankam, nämlich die zwei bzw. drei Grundtypen der Erlösungsvorstellung herausholen. Das ist auch an dem Buch, welches im Jahre 1921 unter dem Titel „Die Lehre des heiligen Bonaventura von der Erlösung, ein Beitrag zur Geschichte und zum System der Erlösungslehre" bei Schwann in Düsseldorf erschien, noch heute das eigentlich Brauchbare. Die historischen Partien habe ich nur gemacht, weil ich mußte, und sie sind entsprechend schlecht. Das wurde bei der Beurteilung auch gerügt; trotzdem bekam die Arbeit die beste Zensur.

Das Freiburger Rigorosum galt als leicht, weil man die sieben Fächer in drei Stationen absolvieren konnte. Trotzdem haben sie mir sehr viel Mühe gemacht, da der Schwerpunkt fast überall im Historischen lag, und ich für Fakten gar kein Gedächtnis hatte. Ich mußte mich sehr anstrengen, zeitweise bis zur körperlichen Erschöpfung. Immerhin wurde das mündliche Examen mit der zweiten Note bestanden.

Die letzte Station stand unter einem äußeren Druck. Italien stand vor dem Krieg. Mein Vater war italienischer Staatsbürger und hatte in Mainz das Konsulat. So konnte von einem Augenblick zum anderen etwas geschehen, das meine Anwesenheit notwendig machte. Tatsächlich mußte er denn auch nach der Kriegserklärung vom Abend auf den Morgen

Deutschland verlassen, ging aber nicht nach Italien zurück, sondern blieb, in der Hoffnung, so eine gewisse Fühlung behalten zu können, in der Schweiz. Zwei meiner Brüder waren in Italien, ein anderer in Mainz. So mußte ich meinen Teil der Verantwortung für die Sache der Familie und des väterlichen Geschäftes auf mich nehmen.

II

Hatte schon die Erlaubnis zur Promotion die Aussicht auf eine Lehrtätigkeit am Mainzer Priesterseminar in sich geschlossen, so war das Gleiche bei meiner Anstellung der Fall. Ich bekam eine Kaplanstelle in Mainz, zuletzt an der schönen Rokokokirche St. Peter, die, wie man mir sagte, vor kurzer Zeit noch unversehrt war. Dort blieb ich fünf Jahre, eine Zeit, an die ich mit recht unterschiedlichen Gefühlen zurückdenke. Darüber an anderer Stelle mehr. In sie fiel meine Einberufung zum Militär im Herbst 1916. Ich habe als Militärkrankenwärter, hauptsächlich im Büro, bis Frühjahr 1918 Dienst getan.

Vom Jahre 1915 bis 20 hatte ich die „Juventus", eine Vereinigung der Schüler höherer Lehranstalten zu leiten. Dieser Auftrag war mir im Hinblick darauf gegeben worden, daß ich ja doch in Mainz bleiben würde; so lag auch in ihm ein Versprechen bezüglich der Seminarprofessur. Mit dieser zog es sich aber in die Länge, und ich begann mich unsicher zu fühlen. Allmählich wurde mir auch deutlich, wo das Zentrum des Widerstandes gegen meine Person lag, nämlich bei dem Domkapitular Dr. Ludwig Bendix. Im Grunde war er die maßgebende Persönlichkeit in der Diözese. Ein interessanter Mann, begabt und von persönlicher Kultur. Seine Familie muß irgendwie mit der Welt der Romantiker zusammengehangen haben. Der Mainzer Dom war ja von den Brüdern Veit ausgemalt worden; der frühere Generalvikar Raich war, wenn ich mich recht entsinne, auf irgendwelchen Umwegen mit Novalis verwandt, und noch mehr der Art. Diese Zusammenhänge haben sich aber bei Bendix nicht im Sinne einer geistigen Weitung und Anregung ausgewirkt, sondern er war ein Reaktionär reinsten Wassers. Ich sehe ihn noch genau vor mir: von mittelhoher Statur, die ein wenig zur Fülle neigte; mit kleinen, streng klerikal beschuhten Füßen; mit einem charakteristischen Gesicht, das ein wenig dem Napoleons ähnlich sah, was er auch bewußt kultivierte, denn er trug die Napoleonslocke. Wenn er wollte, konnte er bezaubernd sein. In der Regel wollte er aber nicht; so haben ihn wohl die meisten mit einem etwas finsteren, vielleicht sogar verächtlichen Ausdruck im Gedächtnis. Ich glaube, er war ein enttäuschter Mann; das hat den romantischen Pessimismus verschärft und mitgeholfen, aus ihm den Gegner jeder Bewegung ins Weite und Freie, jeder geistigen Selbständigkeit, jeder echten Auseinandersetzung mit der Zeit zu machen, als der er lange Jahre auf der Diözese gelastet hat. Das alles mußte sich auch in meiner Angelegenheit auswirken. Wenn ich recht sehe, war meine Designierung gegen seinen Wunsch, oder doch ohne seine Initiative erfolgt; vielleicht hat er aber auch bloß seine Ansichten über mich geändert. Ich habe immer Sympathie für ihn empfunden, und wenn ich bei ihm war, fühlte ich eine ebensolche von ihm her. So könnte ich mir denken, daß seine Stellungnahme zu mir zwiespältig war, und er schließlich glaubte, aus grundsätzlichen Gesichtspunkten gegen seine freundlichen Gefühle handeln zu müssen. Was ihn dazu veranlaßte, weiß ich nicht, vermute aber, daß es die Weise war, wie ich die „Juventus" leitete. Diese war von ihm und seinem Bruder, dem Präses des katholischen Lehrlingshauses, als marianische Kongregation gegründet worden, und er hat sie immer als ihm besonders nahestehend angesehen. Daß ich sie, ohne zu wissen, was Jugendbewegung sei, in deren Bahnen lenkte, muß ihn beunruhigt und vielleicht auch verletzt haben. Jedenfalls wurde mir klar, daß er meine Berufung an das Mainzer Seminar nicht wünschte, ja selbst einen Kandidaten im Sinne hatte.

Gegen seinen Willen konnte aber nichts geschehen, so wurde die Situation für mich allmählich unhaltbar. Ich entschloß mich daher, einen Antrag zu stellen, der, wenn man in irgend einer Weise auf mich rechnete, nach den Mainzer Traditionen unter allen Umständen abgelehnt werden mußte: ich bat, zur Fortsetzung meiner Studien wieder zur Universität gehen zu dürfen. Der Antrag wurde ohne weiteres genehmigt, und ich wußte nun, woran ich war.

Das ganze war ein Bruch wirklicher Versprechungen, die zwar nicht formell, aber in Form von Handlungen gegeben worden waren, und so ist die Sache auch allgemein aufgefaßt worden; um so mehr, als ja nichts geschehen war, wodurch ich das mir gegebene Vertrauen enttäuscht hätte. Natürlich muß die oberste Behörde der Diözese das Recht behalten, ihr Urteil über eine Persönlichkeit zu ändern. Das muß sich aber auf Tatsachen stützen – und sie muß es dem Betroffenen beizeiten offen sagen, damit er sich entsprechend einrichten kann. Das alles ist aber in Mainz nicht geschehen. Wenn ich zu schüchtern gewesen wäre, jenen Antrag zu stellen, oder aus irgend einem anderen Grunde geschwiegen hätte, wäre Jahr um Jahr vergangen, und ich wäre schließlich irgendwohin geraten. Die Sache ist mir zuerst sehr nahe gegangen. Dann habe ich freilich erkannt, welch gütige Fügung darin gelegen hat. Ich bin gezwungen worden, aus der engen Mainzer Luft ins Weite zu gehen und kann dafür nicht dankbar genug sein. In Mainz hätte ich entweder die größten Schwierigkeiten bekommen, oder wäre zu Grunde gegangen – geistig und wahrscheinlich auch körperlich.

Damals habe ich mich innerlich von der Mainzer Diözese gelöst, um so mehr, als mein Vater im Jahr 1919, kurz nach seiner Rückkehr aus der Schweiz, gestorben war, und meine Mutter sich entschloß, nach Italien zurückzukehren. Ich bin dann noch einmal nach Mainz gegangen, als ich die Berliner Professur bekommen hatte; die Enttäuschung, welche ich damals erfuhr, hat die Trennung definitiv gemacht. Daß der jetzige Bischof, Exzellenz Prof. Dr. Albert Stohr, mit dem ich noch einige Jahre im Seminar zusammengewesen war, und der mir vor einigen Jahren als Vorsitzender der liturgischen Kommission wieder begegnete, mir in der gütigsten Weise seine Freundschaft schenkte, ist von ihm als Überbrückung des damals geschehenen Risses verstanden und von mir auch dankbar als solche empfunden worden. Vergangenen Sommer, also im Jahre 1944, bin ich zum ersten Mal seit 1923 wieder dort gewesen und habe keinen Groll empfunden.

III

Nun muß ich aber etwas zurückgreifen. In Freiburg war ich tiefer in die liturgischen Probleme hineingekommen und hatte auch Genossen dieses Interesses gefunden, so zum Beispiel den Paderborner Liturgiker Prof. Johannes Brinktrine. Als ich dann in Mainz war, versuchte ich, für jemand, der mich darum gebeten hatte, in einigen Kapiteln zu sagen, was Liturgie sei. Diese Kapitel waren der Grundstock des späteren Buches „Vom Geist der Liturgie". Ich zeigte sie dem Maria Laacher Benediktiner Kunibert Mohlberg, der vor einiger Zeit promoviert hatte und große liturgiegeschichtliche Pläne hegte. Er war davon sehr angetan und gab sie dem Hochwürdigsten Herrn Abt von Maria Laach, P. Ildefons Herwegen, bei dem sie ebenfalls warmes Interesse fanden. Damals wurde in Laach die Frage einer Reihe allgemeinverständlicher Veröffentlichungen über liturgische Dinge erörtert, und es kam zur Gründung der Sammlung „Ecclesia Orans". Meine Kapitel aber wurden, als sie die nötige Zahl erreicht und sich zu einem Ganzen abgerundet hatten, als erstes Stück der Reihe genommen und erhielten den oben genannten Titel „Vom Geist der Liturgie".

Diese Verbindung von Maria Laach sollte für mich folgenreich werden. Der Hochwürdigste Herr Abt begann, sich für meine Arbeit überhaupt zu interessieren, und – ich weiß nicht mehr, durch wen angeregt, glaube aber durch P. Kunibert – tauchte der Gedanke auf, ich sollte mich in Bonn habilitieren. Das schien auch dadurch nahegelegt, daß der dortige Ordinarius für Dogmatik, Prof. Esser, sehr leidend war, und man damit rechnete, er würde die Lehrtätigkeit in absehbarer Zeit niederlegen. Abt Herwegen hatte zur Bonner Fakultät gute Beziehungen, vor allem zu dem Moralisten, Prof. Fritz Tillmann, der – ebenfalls ein günstiger Faktor in der ganzen Situation – damals Rektor der Universität war.

Wie die Fakultät über meine Habilitation dachte, kann ich jetzt nicht mehr im einzelnen sagen. Entschieden ablehnend muß nur Prof. Heinrich Schrörs gewesen sein, der zwar emeritiert war, aber Einfluß hatte, und ihn, wie man sagte, besonders dazu benutzte, anders zu wollen als die anderen. Prof. Arnold Rademacher, der vor einigen Jahren gestorben ist, zeigte sich mir gegenüber sehr freundlich und war jedenfalls auch in diesem Sinne wirksam. Meine Hauptstütze war Tillmann, der in mir einen im damaligen Sinne modernen, das heißt liberal=kritischen Theologen sah. So waren die Aussichten günstig, und ich wagte den Schritt aus Mainz nach Bonn.

Die Frage meines Unterhalts wurde so gelöst, daß ich durch Vermittlung von Maria Laach Hausgeistlicher in dem gerade neu gegründeten Institut des Sacré=Cœur in Pützchen bei Bonn wurde. Über den Aufenthalt dort werde ich noch in anderem Zusammenhang zu berichten haben. Im ganzen war ich zwei Jahre, von Frühjahr 1920 bis Frühjahr 1922 dort, und zwar – bis auf die letzte Zeit, in der es unangenehme Verwicklungen gab, gern. Dann übernahm ich die zur Pfarrei Küdinghoven am Rhein gehörige Filiale Holtorf am Siebengebirge.

In Pützchen schrieb ich meine Habilitationsarbeit.

Das von mir gewählte Thema begegnete zuerst Bedenken, da es den gleichen Theologen zum Gegenstand hatte, mit dem sich auch meine Promotionsarbeit beschäftigte, nämlich Bonaventura, doch war man schließlich damit einverstanden. Näherhin handelte es sich um drei Gedankengruppen, die das philosophisch=theologische System Bonaventuras tragen, nämlich die Lehren vom Geisteslicht, von der Stufenordnung des Seins und von den Lebensantrieben. In dieser Arbeit bewegte ich mich viel sicherer als in der ersten, da ich genauer wußte, was ich wollte. Sie wurde auch angenommen, jedoch rügte man, ebenso wie bei jener, die mangelhafte historische Fundierung. Eine Drucklegung war bei den damaligen wirtschaftlichen Verhältnissen nicht möglich, so blieb sie liegen. Nachher wurde sie mir gleichgültig, und ich habe mir weiter keine Mühe mehr damit gemacht. Ein Exemplar des Manuskripts ging verloren; das andere habe ich vor zwei oder drei Jahren einem jungen Theologen geliehen, der als Kaplan in Aachen angestellt war und über Bonaventura arbeitete. Sicher ist es mit all dem übrigen zu Grunde gegangen.

Das Colloquium ging gut vorüber. Meine Probevorlesung hielt ich über den Theologiebegriff Anselms v. Canterbury, näherhin über sein Prinzip des „credo ut intelligam"; also über die Abhängigkeit theologischer Erkenntnis vom Akt des Glaubens. Das Thema hing mit der Frage nach den spezifischen Voraussetzungen der verschiedenen Erkenntnisbereiche zusammen, die mich immer wieder beschäftigt hat. Die Vorlesung machte einen gewissen Eindruck; zugleich hatte sie eine merkwürdige Folge. Schrörs, der zuerst gegen mich opponiert hatte, da ich außer meiner Doktorarbeit keine wissenschaftliche Publikation aufzuweisen habe, war von der Vorlesung sehr angetan und gratulierte mir aufs wärmste; Tillmann hingegen sagte nachher, wie ich hörte, er habe das Gefühl gehabt, als hätte ihm jemand auf den Kopf geschlagen. Er hatte geglaubt, in mir einen „kritischen" Theologen zu haben, der seine Richtung stützen würde; kritische Haltung aber war, wie die später hervortretende „Bonner Richtung" zeigte, im Grunde ein durch Gehorsam gegen das Dogma eingeschränkter Liberalismus. Meine Vorlesung hingegen machte Offenbarung und Glauben zur Basis des Erkennens. Das war eine ganz andere Denkgesinnung. Seit meiner Tübinger Studienzeit war ich überzeugt, daß Theologie von den anderen Erkenntnisbemühungen verschieden und in eigener Grundlage fundiert sei. Gerade die Verantwortlichkeit wissenschaftlichen Denkens müsse fordern, daß sie auf einen eigenen Erkenntnisgegenstand, nämlich die Offenbarung und ein eigenes Erkenntnisprinzip, nämlich den im Dogma verfaßten Glauben begründet sei – wozu natürlich alles zu kommen habe, was Sorgfalt der Methode und Achtung vor den empirischen Fakten heißt. Tillmann hatte für diese Denkweise kein Verständnis, sondern sah in ihr einen unwissenschaftlichen Dogmatismus.

Jedenfalls war ich nun als Privatdozent für Dogmatik habilitiert und begann im Sommersemester 1922 mit einer Vorlesung über „Die Typen der Erlösungslehre" meine Lehrtätigkeit. Ich hatte eine gute Zuhörerschaft, unter welcher sich – für einen Theologen nicht ganz alltäglich – auch viele Hörer aus anderen Fakultäten befanden. Das hing wohl damit zusammen, daß man wußte, ich stehe in der Jugendbewegung. Heute macht man sich nicht leicht klar, was das damals bedeutete. Wer zu ihr gehörte, war charakterisiert; für die einen in besonderer Weise nahestehend und vertrauenswürdig, für die anderen Gegenstand der Ablehnung. Worüber ich im zweiten Semester gelesen habe, weiß ich nicht mehr. Meine ganze Bonner Lehrtätigkeit hat nur ein Jahr gedauert.

Holtorf war zu Fuß etwa zweieinhalb Stunden von Bonn entfernt; unter Verwendung der Bahn brauchte man etwa die Hälfte. Für Bonner Verhältnisse wohnte ich also ziemlich außerhalb. Schon das ließ die Beziehungen zu den anderen Mitgliedern der Fakultät nicht sehr lebendig werden. Die eigentlichen Gründe dafür lagen aber tiefer. Im Grunde gehörte ich nicht wirklich zu ihr. Ich war nun einmal kein Fachtheologe, und mehr als einmal habe ich mit Beunruhigung die Frage empfunden, wie ich ein solcher werden solle, denn einen anderen Weg durch die akademische Welt als den eines Dogmatikprofessors sah ich ja nicht.

Meine Antrittsvorlesung ist in der Aufsatzsammlung, welche 1923 unter dem Titel „Auf dem Wege" im Grünewald-Verlag, Mainz, erschien, veröffentlicht worden. Titel und Verlag, ebenso wie der ganze Charakter der Publikation lassen erkennen, wie wenig ich an meinem richtigen Platz war .. Am Ende des kleinen Bandes steht ein „Gespräch vom Reichtum Christi", an dessen Entstehung ich mich noch gut erinnere. Ich war bei dem Bonner Kunsthistoriker Clemen eingeladen und hatte dort einen bestimmten, so lebendigen Eindruck empfangen, daß ich zu Fuß in die Nacht hinaus nach Holtorf ging. Auf dem Wege dorthin entstand, ohne direkten Zusammenhang mit dem auslösenden Anlaß, ein Dialog, in welchem drei Personen, hinter denen noch eine vierte erschien, über die verschiedenen Aspekte der Persönlichkeit Christi, und zwar ausgehend von der Idee des Herzens Jesu, mit einander diskutierten. Als ich zu Hause anlangte, war ich ziemlich erschöpft, aber das ganze komplizierte Gedankengeflecht stand klar in meinem Geiste. Es mag das ein Hinweis sein, wie stark damals die geistige Produktivität einsetzte, und wie wenig ihre Wege die der regulären theologischen Wissenschaft waren.

Im Laufe jenes Bonner Jahres trat die Möglichkeit an mich heran, einen Ruf für praktische Theologie und Liturgiewissenschaft zu bekommen. Ich hatte aber das Gefühl, damit von meiner eigentlichen Linie abzuweichen und ging nicht darauf ein.. Bei dieser Gelegenheit möchte ich sagen, daß ich, nachdem mein geistiges Leben überhaupt erwacht war, ein starkes Gefühl von dieser inneren Linie gehabt, und die verschiedenen Entscheidungen meines Lebens, beruflicher, geistiger und persönlicher Art, im Grunde immer von ihr aus getroffen habe. Ein einziges Mal habe ich mich durch äußere Erwägungen von ihr abdrängen lassen und es sehr bereut. Es war, im Ganzen meines Lebenszusammenhangs genommen, der einzige falsche Schritt größerer Art, den ich getan und dessen Konsequenzen ich nicht habe ausgleichen können. Darüber vielleicht anderswo mehr.

Als charakteristisch für meine damalige Denkweise möchte ich noch nachtragen, daß man mir zu verstehen gab, ich könne, wenn ich weiter in der Jugendbewegung, also beim Quickborn und in der Rothenfelser Arbeit tätig sein würde, kaum auf eine Professur rechnen. Darin drückte sich die Haltung aus, die man in offiziellen Kreisen der Jugendbewegung gegenüber einnahm, und die sich im Grunde nie wirklich geändert hat. Was diese für mich bedeutet hat, werde ich noch ausführlich berichten; jedenfalls soviel, daß ich erklärte, in diesem Falle würde ich mich für Rothenfels entscheiden. Das bedeutete ganz gewiß keine Geringschätzung der Lehrtätigkeit, der Verzicht auf sie wäre mir sehr schwer geworden; das Leben und die Arbeit in der Welt der Jugendbewegung war aber für mich essentiell. Wie die Sache im Falle der Erledigung des Esser'schen Lehrstuhls gegangen wäre, sollte sich aber nicht entscheiden, denn ich wurde auf einen anderen Weg gerufen.

In die damalige Zeit fiel die zweite Tagung des Katholischen Akademikerverbandes in Bonn. Auf ihr hielt ich eine Reihe von Vorträgen über den „Sinn der Kirche", die dann im Jahre 1922, „der katholischen Jugend gewidmet", im Grünewald-Verlag erschienen sind. Die ganze Tagung war sehr lebendig. Sie hatte wirklich etwas von „Bewegung" in sich. In den Vorträgen habe ich ausgedrückt, wovon ich immer tiefer überzeugt wurde: daß die Kirche nicht unfrei mache, sondern im Gegenteil die volle Freiheit zum Ganzen des Daseins gebe; daß sie nicht den Charakter der Einschränkung, sondern den der Fülle habe. Sie trafen mitten in das hinein, was damals die katholische Welt bewegte und machten einen starken Eindruck auf die Hörer.. In ihnen wurde mir auch deutlicher, was meine eigentliche Aufgabe sei: nicht die Forschung eines theologischen Faches fortzuführen, sondern mit wissenschaftlicher Verantwortung und auf hoher geistiger Ebene die christliche Wirklichkeit zu deuten.

Tatsächlich sind die Vorträge denn auch für meine weitere Laufbahn bedeutungsvoll geworden.

IV

Nach dem Kriege hatten, zum ersten Mal seit langer Zeit, die Katholiken freien Raum bekommen. Auch hatten sich nach dem Zusammenbruch starke religiöse Kräfte gelöst; und da alles so unsicher war, brachte man der Festigkeit des katholischen Standpunktes eine bis dahin ungewohnte Schätzung entgegen. Deutschland war Republik, und die Zentrumspartei war nicht nur eine politische, sondern auch geistige Macht. So war der Gedanke aufgetaucht, an der Universität Berlin, die sich – soweit sie nicht ungläubig war – immer betont protestantisch gegeben hatte, einen Lehrstuhl zu schaffen, von welchem der katholische Student eine den akademischen Ansprüchen entsprechende Darlegung der katholischen Wahrheit hören könne. Der Gedanke hatte Erfolg und der Lehrstuhl wurde gegründet. Die Berliner theologische Fakultät war protestantisch; daher lehnte sie verständlicherweise die Angliederung des Lehrstuhls ab. Die philosophische Fakultät erklärte, sie habe mit Theologie nichts zu tun; infolgedessen konnte er auch nicht an sie angeschlossen werden. Das Kultusministerium kam also auf die Idee, den Lehrstuhl für „katholische Religionsphilosophie und Weltanschauung" der Breslauer katholisch=theologischen Fakultät anzugliedern, und zwar so, daß sein Inhaber dauernd nach Berlin beurlaubt sein und als ständiger Gast der dortigen Universität seine Vorlesungen halten sollte. Die Konstruktion ging den Schwierigkeiten aus

37

dem Wege, schuf aber dafür andere, die sich dann in empfindlicher Weise geltend machen sollten.

Noch war der Inhaber des Lehrstuhls aber nicht ernannt. Die Entscheidung darüber lag nicht, wie sonst bei Berufungen, bei der betreffenden, hier der Breslauer Fakultät, da die Zugehörigkeit ja nur formal sein sollte, sondern beim Preußischen Kultusministerium. Die katholischen Angelegenheiten wurden dort von Ministerialdirektor Johannes Schlüter bearbeitet, dessen Frau, Dr. Maria Schlüter-Hermkes, im Leben der katholischen Organisationen sehr tätig war. Durch die Vorträge beim Bonner Akademikertag waren sie auf mich aufmerksam geworden, und sie waren es denn auch, die meine Berufung bewirkten. Eines Tages erschien in Bonn Ministerialdirektor Dr. Wende und fragte mich, ob ich geneigt sei, die Professur zu übernehmen. Worum es sich dabei eigentlich handelte, deutete er nur in ungefährer Weise an. Zugleich machte er mich darauf aufmerksam, daß die Berliner Universität der Sache ablehnend gegenüberstehe. Ich erinnere mich noch seiner Worte: „Sie kommen auf einen sehr glatten Boden. Man ist überzeugt, daß sie in kurzer Zeit am Ende sein werden." Nur Harnack hatte im Senat gemeint, man solle dem Designierten doch die Chance geben, dann werde es sich zeigen, was er könne.

Das klang nicht ermutigend. Dazu kam die Frage – die Hauptfrage – ob ich im Stande sein würde, den Anforderungen zu entsprechen. Andererseits hatte ich das Gefühl, hier sei endlich das, wozu ich berufen sei. So bat ich um Zeit, um die Angelegenheit zu bedenken. Rademacher, dem ich immer etwas näher stand, riet mir, anzunehmen. Tillmann desgleichen; sicher war ihm der Gedanke willkommen, mich auf diese Weise los zu werden. Vor allem riet mir Max Scheler zu, der damals in Köln las, und mit dem ich in eine Beziehung gekommen war, die innerlich nie abgerissen ist. Doch waren die Bedenken sehr groß. Im Rückblick sage ich mir, daß ich damals gar nicht erkannt habe, wie wenig ich für die Aufgabe vorbereitet war, sonst hätte ich es mit ihr nicht gewagt. Das Gefühl, auf diese Linie zu gehören, war aber so stark, daß es über alles hinwegtrug, und ich annahm.

Im Frühjahr 1923 ging ich nach Berlin. Die Übersiedlung war schon äußerlich schwierig. Damals war das Rheinland besetzt, und mein kleiner Hausrat konnte daher nur auf Schmuggelwegen ins Reich gelangen. Noch sehe ich den Möbelwagen vor mir, dem auf seiner Odyssee die Hinterwand herausgebrochen war, sodaß man sie mit Stricken festbinden mußte.

In Berlin gab es damals keine Wohnungen. Durch Vermittlung von Frau Dr. Schlüter fand ich eine provisorische Aufnahme im Kloster der Borromäerinnen in Potsdam. Ich bekam dort eineinhalb Zimmer, die dann freilich mehr einem Möbellager als einer Wohnung glichen. Ein Trost war das nahe Sanssouci. Das Kloster befand sich in der Zimmerstraße, nur wenige Minuten vom Haupteingang entfernt. Wie oft bin ich hineingegangen und habe meine Ratlosigkeiten zu den schönen Bäumen des Parkes getragen!

Die Situation an der Universität war noch entmutigender. Mein erster Weg war zum damaligen Kultusminister Dr. Bekker. Er empfing mich sehr freundlich – wie ich denn überhaupt bei ihm immer Sympathie und Hilfsbereitschaft gefunden habe. Er war ein Schüler Ernst Troeltschs und ein liberaler Gelehrter vom Anfang des Jahrhunderts. Mehr als Gelehrter war er Kulturpolitiker mit lebendigem Gefühl für Menschen und geistige Strömungen. Für die pädagogischen Versuche der Zeit wie überhaupt für die Jugendbewegung hatte er viel Verständnis. Auch der Katholizismus interessierte ihn, und nicht nur als geistespolitischer Faktor, sondern als lebendige, schaffende Macht.. Eine der ersten Fragen, die ich an ihn richtete, war, bei wem ich nun eigentlich Besuch zu machen habe. Er besann sich, und ich merkte, daß ihm die durch die oben genannte Konstruktion für den Inhaber des Lehrstuhls bedingten Schwierigkeiten noch nicht richtig zu Bewußtsein gekommen waren. Das Ergebnis war, ich habe nur bei denen Besuch zu machen, mit denen ich in einem offiziellen Verhältnis stehe, das heißt aber, dem Rektor und dem Universitätsjuristen. Das hieß, daß ich in der Universität, welche damals, wenn ich mich recht entsinne, etwa achthundert Dozenten und fünfzehntausend Studenten zählte, ohne jeden Zusammenhang war.

Von den Professoren war mir nur Eduard Spranger ein deutlicher Begriff; ich kannte manche seiner Schriften, und außerdem hatte er Beziehungen zur Jugendbewegung, näherhin zu den Potsdamer Neupfadfindern. Ich besuchte ihn sozusagen inoffiziell; er war sehr freundlich und kam auch bald zu mir. Später wurde ich mit Werner Sombart bekannt, ich glaube über einen Kreis, der sich in der Fasanenstraße zu versammeln pflegte, und zu welchem auch Max Scheler gehörte. Wenn ich mich recht entsinne, war Sombart der einzige, der dafür eingetreten war, den Versuch des katholischen Lehrstuhls zu machen: es werde sich zeigen, was er wert sei. Er kam mir sehr freundlich entgegen, und ich bin bis zu meinem Fortgang von Berlin Gast seines Hauses gewesen. Durch das Haus Kempner wurde ich mit Werner Jäger, dem Ordinarius für griechische Philologie bekannt, und die Beziehung hat gedauert, bis er an die Universität Chikago ging.

Da ich mit keiner Fakultät etwas zu tun hatte, stand ich außerhalb des Universitätsgefüges. Ich hatte in ihrem Gebäude meinen Hörsaal, das war alles. Diese Tatsache wirkte sich in allem aus – bis in die untersten Organe. So haben mich die Aufsichtsbeamten, von denen auf jedem Gang einer war, nie gegrüßt; und es konnte geschehen, daß der Pförtner auf die Frage, wo Professor Guardini lese, zur Antwort gab: „Bei uns ist kein Professor Guardini." Die Anzeige meiner Vorlesungen stand im Verzeichnis hinter der des Turnlehrers, und es hat einer Demarche im Kultusministerium bedurft, um zu erreichen, daß sie wenigstens hinter denen der Fakultäten eingeordnet wurde, und dergleichen mehr. Für die Universität war ich der vom Zentrum aufgezwungene Propagandist der katholischen Kirche, welcher an der „Hochburg des deutschen Protestantismus" nichts zu suchen hatte, und sie zeigte mir das auf jede Weise. Auch als es im Laufe der Jahre jedem deutlich sein konnte, daß meine Vorlesungen nichts mit Propaganda zu tun hatten und das akademische Niveau hielten, habe ich nie auch nur das leiseste Zeichen einer Großmut empfangen, welche ihrer absoluten Übermacht gewiß angestanden hätte. Vielleicht hätte ich den Zustand ändern können, wenn ich geschickt gewesen wäre und auf persönlichem Wege Beziehungen zu den maßgebenden Leuten gesucht hätte. Minister Becker hat mir das auch nahegelegt und seine Hilfe angeboten. Ich sagte mir aber, man will mich nicht, also dränge ich mich auch nicht auf, kann freilich nicht in Abrede stellen, daß dahinter auch die Schüchternheit steckte, welche mir mein Leben lang Dinge, die andere spielend erledigen, zu großen Schwierigkeiten gemacht hat, und ich froh war, wegbleiben zu können.

Gewiß hatte die Situation auch ihre Vorteile. Da alle Fakultätsangelegenheiten wegfielen, und die Universität mir keine gesellschaftlichen Verpflichtungen auferlegte, blieb meine Zeit für Wichtigeres frei. Selbst die persönliche Isolierung hat nicht nur Schaden gebracht. Daß ich vom Frühjahr 1933 bis 1939 nicht die geringste Schwierigkeit hatte, war außer durch die sachliche Haltung meiner Vorlesungen sicher auch dadurch bedingt, daß ich für die Universität nicht existierte.. Doch war alles recht schwierig. Ich hatte Zeit meines Lebens nicht viel Selbstgefühl, und fand mich nun einer geschlossenen Welt gegenüber, für die ich Verehrung empfand, die aber mich ablehnte. So blieb mir nichts übrig, als mich zurückzuziehen. Später wurde mir gesagt, man halte mich für abweisend und hochmütig – der so oft eintretende falsche Eindruck, den der Schüchterne erweckt. In Wahrheit habe ich immer einen inneren Anlauf nehmen müssen, wenn ich in das Universitätsgebäude eintrat. Sobald ich dann freilich auf dem Katheder stand, war alles vorbei, und es existierte nichts mehr, als die Frage, die zu behandeln war und die Freude an ihrer Entwicklung. Doch nein, auch das stimmt nicht ganz. Das Gefühl der Unzulänglichkeit hat mich auch da noch bedroht, so daß ich jede Art mangelhaften Benehmens bei den Zuhörern als Widerstand empfand und sie – oft sehr scharf – rügte. Dadurch habe ich wohl erreicht, daß in meinem Hörsaal eine musterhafte Haltung herrschte, sicher aber auch manch Einem Unrecht getan.

Die eigentliche Schwierigkeit war aber die innere, geistige. Was sollte ich auf dem Berliner Lehrstuhl eigentlich lehren? Sein Titel lautete: „Katholische Religionsphilosophie und Weltanschauung". „Religionsphilosophie" allein wäre eindeutig gewesen; was war aber „katholische"? Es gibt doch nicht katholische und protestantische und buddhistische, sondern nur eine wahre Religionsphilosophie. Und was war „katholische Weltanschauung"? Es gibt eine katholische Theologie, das heißt die theoretische Durchdringung der Offenbarung, wie sie von der Kirche als ihrer Trägerin dargelegt wird – aber katholische Weltanschauung? Allmählich wurde mir klar, daß jene, welche die Einrichtung des Lehrstuhls durchgesetzt hatten, von ihm keine echte wissenschaftliche Leistung erwarteten. Sein Inhaber sollte vielmehr die Arbeit des Studentenseelsorgers nach der gedanklichen Seite hin ergänzen, indem er eine allgemeinverständliche, apologetisch verfahrende Darlegung der Glaubenswahrheiten gab. Auch sollte er – wie man mir bei gewissen Gelegenheiten gesagt hat –, bei den katholischen Verbindungen als den Hauptstützen des katholischen Akademikertums verkehren, und, kurz gesagt, helfen, daß die Leute bei der Stange blieben.

Eine solche Aufgabe hätte ich nie übernehmen können. Nicht aus irgendwelcher Selbstüberschätzung, sondern weil eine akademische Lehrtätigkeit meiner Überzeugung nach nur von einer methodisch klaren Wahrheitsfrage ausgehen konnte. Wohl sollte sie den Hörern helfen, aber nur durch die Kraft der um ihrer willen gesuchten Wahrheit selbst. Und das bedeutete Anstrengung, für den Lehrer, wie für den Hörer.. Was aber die Verbindungen angeht, so habe ich den einen oder anderen Abend bei ihnen verbracht, um dann nie mehr hinzugehen. Die Leere ihres Betriebs war unerträglich. Hinzu kam, daß man wußte, ich gehöre zur Jugendbewegung und mich infolgedessen von vornherein mit Mißtrauen ansah; um so mehr, als ich vom Quickborn her abstinent war und mich daher im Bierbetrieb der Kommerse und sonstigen Veranstaltungen recht unangebracht ausnahm..

So war ich genötigt, mir eine Idee von dem zu bilden, was ich zu tun hatte. Schlimm war nur, daß es gleich zu Anfang geschehen mußte, während die Klärung dessen, worum es auf diesem Lehrstuhl ging, eigentlich das Ergebnis langer Arbeit hätte sein sollen. So habe ich in meiner ersten, der Antrittsvorlesung sozusagen, darüber gesprochen, was Weltanschauung und Weltanschauungslehre sei. Sie wurde im Jahre 1935 in dem Bande „Unterscheidung des Christlichen" veröffentlicht. Ich bestimmte Weltanschauung als den Blick, der vom Glauben aus auf die Wirklichkeit der Welt möglich werde; Weltanschauungslehre aber als die theoretische Untersuchung seiner Voraussetzungen und seines Inhaltes. Damit konnte ich die Konsequenzen aus dem ziehen, was ich schon in Tübingen als den Sinn des Glaubens erkannt hatte. Es bedeutete das Standfassen in der Offenbarung und die Möglichkeit, von ihr aus die Welt, die ja selbst das Werk des offenbarenden Gottes ist, in ihrer eigentlichen Wahrheit zu sehen. Das Dogma aber war kein Werkzeug einer kirchlichen Geistespolizei, sondern der Garant der Geistesfreiheit selbst, das Koordinatensystem des von der Offenbarung her für die volle Wirklichkeit geöffneten gläubigen Bewußtseins. Über meine persönlichen Möglichkeiten habe ich mir nie Illusionen gemacht; ebenso klar war ich mir aber darüber, daß mein christlich katholisches Bewußtsein als solches an Weite und Klarheit jedem, auch dem genialsten nichtgläubigen Menschen grundsätzlich überlegen sei. Diese Überzeugung hat mir den Mut gegeben, auf den einsamen Lehrstuhl in der vollkommen fremden Berliner Universität zu treten, und ist die Kraft und der Maßstab meines Lehrens gewesen.

V

Meine Zuhörerschaft war aus ganz verschiedenen Elementen zusammengesetzt. Es waren Leute aus allen Fakultäten, die, von kurz auftauchenden Neugierigen abgesehen, wirkliches Interesse für die Sache hatten. Dazu kamen Berufstätige verschiedener Art. Hin und wieder erschien auch ein Kollege, der sich den sonderbaren Mann anhören wollte. Eine charakteristische Note brachten die Leute von der Jugendbewegung herein, die ja damals durch ihr ganzes Wesen erkennbar waren. Die katholischen Korporationen fehlten so gut wie ganz. Das hing vielleicht mit der soeben erwähnten „Note" zusammen; im übrigen war es einfach ein Zeichen dafür, wie gering ihre religiös-geistigen Interessen in Wahrheit waren. Ihr geheimes Ideal bildeten eben doch die schlagenden Verbindungen mit ihrer Schneidigkeit und ihrer die Karriere sichernden Protektion. Daß diese offiziellen Verkörperungen der katholischen Akademikerschaft meine Vorlesungen ignorierten, gehört mit in die Situation. Mir hat von Anfang an jede offizielle Stütze gefehlt – dafür war ich aber auch von jeder Rücksicht auf nicht zur Sache Gehöriges frei.

Was die Vorlesungen selbst angeht, so bestand eine große Schwierigkeit darin, daß es sich bei ihnen um kein eigentliches Fach handelte. Daher konnte ich sie nicht, wie jeder Ordinarius sonst, ausarbeiten, auf dem Laufenden halten und in gegebenen Abständen wiederholen. Was ich hatte, war im Grunde nur ein prinzipieller Ausgangspunkt, ein Standort und Maßstab für das „Anschauen"; zu suchen, was von ihm aus angeschaut werden sollte, den Blick zu vollziehen und ins Theoretische zu übersetzen, war Sache einer immer neuen Bemühung. Mit dieser Aufgabe stand ich ganz auf mir selbst, was um so schwieriger war, als ich nur die Lehrerfahrung zweier Semester besaß, mein Wissen aber, das reich und ausgebreitet hätte sein müssen, sich in sehr bescheidenen Grenzen hielt.

Der einzige Mann, der mir einen brauchbaren Rat gab, war Max Scheler. Im ersten Semester las ich über die Grundformen der Erlösungslehre. Das war natürlich ein Verlegenheitsthema; ich mußte aber anfangen und dazu nehmen, was ich hatte. Er sagte, so gehe es nicht; ich solle die grundsätzlichen Gesichtspunkte an konkreten Gegenständen entwickeln – zum Beispiel an einer Analyse der Gestalten Dostojewskijs, der damals sehr aktuell war.

So habe ich viel herumgesucht und experimentiert. Leider besitze ich das Verzeichnis der im Laufe der Jahre gehaltenen Vorlesungen nicht mehr; es ist mit so manchem anderen verloren gegangen. Mit der Zeit bildete ich mir einige Typen von Vorlesungen heraus, die sich bewährt haben. Das waren zunächst solche von systematischem Charakter, welche Probleme der Daseinsdeutung im Zusammenhang behandelten; zum Beispiel Hauptfragen der Ethik, oder Grundlinien christlicher Anthropologie. Ich hielt mich dabei nicht an Lehrbücher oder traditionelle Gedankengänge, sondern suchte vor das Problem selbst zu gelangen und es mit eigenen Mitteln zu beantworten. Eine zweite Gruppe waren Vorlesungen über das Neue Testament; Versuche also, den Inhalt der Offenbarung gleichsam aus ihrem Urlaut heraus zu erfassen. Auch dabei war ich bemüht, ohne fachtheologische Voraussetzungen und Terminologien, vielmehr ganz vom Phänomen her zu arbeiten. Eine dritte endlich waren Interpretationen religiöser, philosophischer oder dichterischer Texte und Gestalten. Ich erkannte die Bedeutung, welche echte Interpretation für eine geistig verwaschene Zeit hat, immer besser, und bildete mir allmählich eine Methode heraus, von der genauen Deutung des Textes zum Ganzen des Gedankens und der Persönlichkeit vorzudringen und damit grundsätzliche Fragestellungen zu verbinden. In dieser Weise habe ich im Laufe der Zeit über die Confessiones und den Gottesstaat Augustins, Dantes Göttliche Komödie, Sören Kierkegaard, Pascal, die Dichtungen Hölderlins und die Duineser Elegien R. M. Rilkes gehalten.. Bei diesen wie bei den beiden anderen Gruppen war ich besonders bemüht, die christlichen Sinngehalte aus all den Verwässerungen und Vermengungen zu lösen, in die der neuzeitliche Relativismus sie gebracht hatte.

In dieser Art des Lehrens lag natürlich die Gefahr des Dilettantismus. So verschiedenartige Gebiete wirklich zu beherrschen, den Stand der Forschung zu kennen und die verschiedenartigen Methoden richtig zu handhaben, war ganz unmöglich. Ich habe denn auch die Tatsache, mit meiner Arbeit sozusagen außerhalb der anerkannten Methoden zu verfahren, immer sehr schwer empfunden. Das war es ja im Grunde, was mir die Haltung der Universität so schwer machte, daß ich ihr im Innersten recht geben mußte. Natürlich nicht in ihrer Ablehnung des katholisch=christlichen Glaubens; das war jene unwahre „Voraussetzungslosigkeit", die sich nachher selbst in so grotesker Weise desavouieren sollte – aber darin, daß auf der Universität nur ein wissenschaftlich fundiertes Lehren berechtigt ist. Wohl darf der Begriff der Universität als Wissenschaftsschule durch den einer geistigen Bildungsschule erweitert werden, wodurch zum Wissen und Forschen das Verstehen, Urteilen und Gestalten hinzukommen. Nach dieser Richtung hin habe ich meinen Lehrstuhl ja auch immer aufgefaßt und in ihm den Vorläufer einer Art Universität gesehen, die es noch nicht gibt. Aber dazu hätte es doch eines ungleich größeren Wissens bedurft, als das meinige war, und das hat mich immer unsicher gemacht.

So fühlte ich mich einer Entscheidung zugedrängt: Sollte ich versuchen, in rastloser Arbeit so viel als möglich zu lernen und zu wissen, um dieser Forderung zu genügen? Dann hätte ich etwas unternommen, was meiner Natur fremd war, hätte meine Kräfte zerstört und wäre am Ende doch gescheitert. Also machte ich sozusagen aus der Not eine Tugend. Ich verzichtete bewußt auf das jeweilige Fachwissen. Ich suchte, so gut ich es vermochte, vor die Fragen selbst zu gelangen und mit ihnen fertig zu werden; so tief als möglich in die Texte einzudringen und aus ihnen heraus zu arbeiten. Das bedeutete natürlich ein Wagnis – man kann auch sagen, eine Vermessenheit. Es setzte voraus, daß ich befähigt sei, wirklich von der Sache her zu fragen; auch zu den Texten und ihrem Inhalt in ein echtes Verhältnis zu gelangen. Ich weiß nicht, wie weit das zutraf, jedenfalls blieb mir kein anderer Weg. Kam ich nicht durch, dann war ich eben gescheitert.

So bin ich nach meinem Instinkt gegangen. Ich habe die Fragen gestellt und die Antworten gesucht; ich habe die Texte gelesen, die Probleme, die in ihnen auftauchten, erörtert und die geistige Gestalt, die in ihnen lag, gezeichnet, so gut es mir möglich war. Ja ich bin in meiner, nennen wir sie einmal Zuversicht, noch weiter gegangen. Im Grunde genommen habe ich nicht gefragt, welche Gegenstände mein Lehrstuhl mir auferlege, oder was meine Hörerschaft zu wissen wünsche, sondern über das gesprochen, was mir jeweils selber wichtig war, überzeugt, es müsse auch den anderen wichtig sein. Ich hatte immer die vielleicht vermessene, jedenfalls aber lebendige und gar nicht weiter erörterte Gewißheit, die Dinge, die mich interessierten, seien wert, gesagt zu werden, da sie alle angingen. Vielleicht kann ich denn auch in einem anderen Zusammenhang zeigen, daß eine ganze Anzahl meiner Bücher ihre Dinge gewissermaßen eine Stunde früher sagten, als die Allgemeinheit sich bewußt wurde, etwas darüber hören zu wollen. Nicht, daß ich nach Aktualität gestrebt hätte, wahrhaftig nicht. Ich habe nie ein Buch geschrieben, weil ich meinte, die Zeit brauche es, oder gar weil dieser oder jener Zweck es verlange, sondern immer nur, weil ich von innen her dazu veranlaßt war – meistens wurde es aber zu dem, wessen man bedurfte.. So habe ich es auch bei meinen Vorlesungen gemacht und mich ganz auf mich selbst gestellt. Ich habe jeweils den Gegenstand genommen, der mich interessierte, an Literatur so viel gelesen, als unbedingt notwendig war, um informiert zu sein, und im übrigen gesagt, was mir wichtig schien.

Vielleicht noch etwas über die mehr technische Seite der Sache.

Bei einer solchen Art des Arbeitens konnte die Zahl der Vorlesungen nicht groß sein. So hatte ich an drei Wochentagen je eine Stunde Kolleg, und an einem vierten zwei Stunden Übungen. Man hat mir vorgeworfen, das sei zu wenig, ich hätte es aber nicht anders machen können.

Die Vorlesungen fanden zuerst um fünf, dann um sechs, zuletzt um sieben Uhr statt, und dabei bin ich geblieben. Diese Zeit war die günstigste für die Hörer, weil die großen Hauptvorlesungen früher lagen. Sie war es auch für mich selbst, da sie meiner Art der Vorbereitung am besten entsprach.

Nach verschiedenen Versuchen bin ich dazu gelangt, für jedes Semester drei verschiedene Themen zu nehmen, die infolgedessen in einstündigen Vorlesungen behandelt wurden. Das war anstrengend; wenn das Thema genug hergibt, fordert eine zweistündige Vorlesung ja nicht viel mehr Vorbereitung als eine einstündige. Die Studenten hatten aber ihre reichlich bemessene Facharbeit; so war es für sie leichter, die nötige Zeit für eine Stunde, als für zwei oder drei herauszuschlagen.

In den Ferien las ich das Notwendige zur Orientierung und arbeitete die Texte so weit durch, daß ich nachher das Material verfügbar zur Hand hatte. Auch bereitete ich für jedes Kolleg eine Disposition von zwanzig bis dreißig stenographierten Quartseiten vor, welche den ganzen Gedankengang bis ins Einzelne enthielt. Dann arbeitete ich Tag für Tag den Text der Vorlesung aus. Als sie um sieben Uhr abends stattfand, pflegte ich um drei Uhr in die Stadt zu fahren und war um vier Uhr in der Staatsbibliothek, deren großen Lesesaal ich sehr liebte. In ihm ging es durchaus nicht ruhig zu, die Leute liefen herum, und redeten auch mehr, als notwendig gewesen wäre; trotzdem war man in ihm immer konzentriert und mit seinen Gedanken allein. Von vier bis sieben schrieb ich auf Grund der Dispositionen und Textmaterialien die ganze Vorlesung stenographisch nieder.

Den Vortrag selbst hielt ich an Hand meiner Niederschrift, den Finger stets am Wort. Gab es sich, dann konnte ich den Wortlaut verlassen und wieder zu ihm zurückkehren.

Das Bereitstellen der Vorlesung hatte keinen bloß wissenschaftlichen Charakter. Es bedeutete nicht nur, eine Sache methodisch zu durchdenken und klar darzustellen, sondern war immer auch – ebenso wie die Ausarbeitung der Disposition – ein künstlerischer Vorgang. Der Gedanke durfte nicht nur objektiv erfaßt werden, sondern mußte durch das produktive Zentrum gehen, sich von dort herausheben, Material an sich ziehen und seine Gestalt entwickeln. Wenn das gelang, entstand mehr als eine bloß wissenschaftliche Darlegung; wenn nicht, weniger als eine solche. Ich mußte also immer durch diesen Prozeß hindurch. Das war sehr anstrengend: beglückend, wenn er sich richtig vollzog; entmutigend, ja beschämend, wenn es nicht geschah. Und mehr als einmal in jedem Semester mußte ich die Vorlesung absagen, weil ich einfach nichts zu Stande brachte, aber zu unbehilflich oder auch zu ehrlich war, um irgend etwas zusammenzuschreiben.. Aus dem gleichen Grunde erregte mich auch das Sprechen immer sehr, oft so sehr, daß ich während der ganzen Stunde auf den Fußspitzen stand. Das war anstrengend, und gar manches Mal bin ich in ziemlich unbrauchbarer Verfassung nach Hause gekommen. Jedenfalls merkten aber die Leute, daß es mit der Sache ernst war. So hatte ich immer aufmerksame Zuhörer und die Stunden, in denen geistig etwas vor sich ging, waren nicht selten.

In den Seminarübungen ließ ich anfangs Referate halten; doch zeigte sich das als weniger ergiebig. Die Studenten hatten zu viele Fachverpflichtungen, um für diese Nebenarbeiten die nötige Zeit freimachen zu können. Daher legte ich später Texte zu Grunde und forderte die Teilnehmer zum Interpretieren auf. Das Ziel war das Gespräch über die Interpretation selbst und über die dabei auftauchenden allgemeineren Probleme. Solche Übungen habe ich u. a. über die Philosophischen Brocken Kierkegaards, die Pensées Pascals, platonische Dialoge, einzelne Hymnen Hölderlins, Elegien Rilkes usw. gehalten.

Die Zuhörerschaft wechselte naturgemäß sehr. Mit jedem Semester kam und ging ein größerer Prozentsatz. Von Stunde zu Stunde erschienen auch Neugierige, die bald wieder verschwanden. Doch bildete sich auch langsam ein Grundstock von Studenten heraus, die durch mehrere Semester, und von Berufstätigen, die durch lange Zeit hin meine Kollegien besuchten. Die Vorlesungen haben wirklich eine Art Zusammengehörigkeit hervorgebracht. Sie waren, das darf ich wohl sagen, durchweg ernst und anspruchsvoll; so kamen im Wesentlichen nur solche, denen an der Sache lag. Die ablehnende Haltung der Universität aber bewirkte, daß sie sich auch als Vertreter dieser Sache fühlten.

Die Zahl der Hörer war bei den verschiedenen Kollegien verschieden. Am kleinsten war sie bei den neutestamentlichen, welche ein ausgesprochenes religiös=theologisches Interesse voraussetzten. In ihnen waren es etwa dreißig bis fünfzig; ein guter Teil davon protestantische Theologen, mit denen ich überhaupt in einem guten Verhältnis gestanden habe. In den systematischen Vorlesungen war die Anzahl der Hörer größer, etwa sechzig bis achtzig. Am stärksten war sie in jenen Vorlesungen, die von einer allgemein interessierenden Gestalt der Philosophie oder Dichtung handelte; da habe ich bis zu dreihundert und mehr Zuhörer gehabt. An den Übungen nahmen durchschnittlich zwanzig Leute teil, also eine hübsche Zahl.

Aus allem Gesagten geht wohl hervor, daß die Vorlesungstätigkeit recht anstrengend war – um so mehr, als neben meinem eigentlich akademischen Beruf ein zweiter, seelsorglich=bildnerischer herlief, von dem ich noch genauer berichten muß. Im Zusammenhang mit den Vorlesungen standen regelmäßige Sprechstunden. Sie fanden nominell am Mittwoch von vier bis fünf Uhr statt, erstreckten sich aber in Wahrheit oft bis in den Abend, und nach einiger Zeit mußte der Samstag Nachmittag hinzugenommen werden. Am Sonntag hatte ich Studentengottesdienst mit Predigt; einige Jahre hindurch auch noch Mittwoch früh Predigt in der sozialen Frauenschule. Dazu Vorträge mancher Art in Berlin selbst und außerhalb.

Da die Rothenfelser Arbeit zu einem großen Teil meine Ferien in Anspruch nahm, habe ich in den sechzehn Jahren meiner Lehrtätigkeit nur selten eine wirkliche Erholungszeit gehabt. So wurde es tatsächlich zu viel, und ich habe die Folgen dieser Überanstrengung mit der Zeit zu spüren bekommen.

VI

Nach 1933 erwartete man allgemein die Aufhebung des Lehrstuhls. Ich war von Semester zu Semester darauf gefaßt und hatte doch eine durch nichts Ausdrückbares begründete Zuversicht. Tatsächlich haben sich denn auch keinerlei Schwierigkeiten ergeben. Ich habe die Vorlesungen, wenn auch mit verständlicher Zurückhaltung in bestimmten Punkten, genau so fortgeführt wie vorher. Zwischen den Hörern und mir bestand ein stilles Einverständnis, daß hier etwas

Wertvolles zu bewahren war, und man es durch keinerlei unangebrachte Äußerungen und Verhaltungsweisen in Gefahr bringen dürfe.

Erst im Winter 1939, ich glaube, Ende Januar, wurde ich vom Kultusministerium zu einer Besprechung aufgefordert, die nur Eines bedeuten konnte. Der betreffende Regierungsrat eröffnete das Gespräch mit den Worten, ich werde mir wohl denken, worum es sich handle. Wenn der Staat selbst eine Weltanschauung habe, könne an der Universität kein Raum für einen Lehrstuhl für katholische Weltanschauung sein. Über dieses Axiom war natürlich keine Diskussion möglich, und ich konnte nichts tun, als eine Verbeugung andeuten. Abgesehen von diesem Grundsätzlichen entwickelte sich das Gespräch durchaus wohlwollend. Der Referent sagte, er wolle mit mir überlegen, welchen Lehrstuhl ich übernehmen solle, und deutete an, in Bonn, Freiburg, und, glaube ich, auch in Tübingen seien Möglichkeiten. Ich machte geltend, daß ich seit sechzehn Jahren nach einer bestimmten Richtung hin gearbeitet habe und aus meinem Fach ganz herausgekommen sei. So finde ich mich in der Lage eines nach bestimmter Richtung hin hochspezialisierten Arbeiters, der anderswo nicht gebraucht werden könne. Er erwiderte, ich könne mich ja für zwei Semester beurlauben lassen und nachholen. Jedenfalls sei ich noch zu jung, um pensioniert zu werden. Darauf sagte ich, daß ich mich mit Arbeiten beschäftigte, welche für die kulturellen Beziehungen zwischen Deutschland und Italien Bedeutung haben könnten. Das war tatsächlich der Fall; und zwar handelte es sich um Untersuchungen über das Weltbild in Dantes Göttlicher Komödie, aus welchen die 1937 erschienene Teilveröffentlichung über den Engel in Italien Aufmerksamkeit gefunden hatte. Das veränderte die Situation, und er erklärte, die Sache näher prüfen zu wollen.

Nach verhältnismäßig kurzer Zeit rief er mich an, es könne sich nicht um eine Emeritierung mit vollem Gehalt, sondern nur um eine Pensionierung handeln. Nach den geltenden Bestimmungen würde die Pension aber nicht sehr hoch sein, so solle ich mir die Sache noch einmal überlegen. Dieser Gesichtspunkt konnte aber die Sachlage nicht ändern, denn durch meine literarischen Einnahmen war für meine Bedürfnisse gesorgt. So war ich frei, ganz aus der geistig=persönlichen Notwendigkeit heraus zu handeln. Eine Dogmatikprofessur hätte ich unmöglich übernehmen können. Probleme sah ich genug, und an Ideen war auch kein Mangel; aber mein Fachwissen war geringer als das eines Privatdozenten von fünf Semestern, und so aufzuholen, wie es nötig gewesen wäre, hätte mich meine Gesundheit gekostet. Allenfalls wäre an eine Professur allgemeinerer Art, wie Apologetik oder Fundamentaltheologie zu denken gewesen, aber dazu verspürte ich keine Lust. Ich hatte große Arbeiten vor – mein Buch über Hölderlin, das über den Tod des Sokrates und andere mehr – so lockte mich der Gedanke, dafür frei zu sein. Auch sprach eine Müdigkeit mit, die aus der langjährigen Überarbeitung hervorgegangen war und ließ mir ein ruhiges Leben in meinem stillen Hause, ohne drängende Termine und mit der Möglichkeit, etwas mehr für mich selbst zu tun, sehr schön erscheinen. Ich wiederholte daher in einem Antwortschreiben meine Bitte um Pensionierung, und bekam sie nach kurzer Zeit in ehrenvoller Form.

Damit war meine akademische Lehrtätigkeit abgeschlossen – wie ich überzeugt war, für immer. In meinem Leben hatte ich schon vielerlei Wandlungen durchgemacht, jetzt erwarteten mich neue. Vor der Gefahr des Pensioniertseins, nämlich sich aus der Ordnung wirklicher Arbeit herausgeworfen zu fühlen und mit sich selbst nichts anfangen zu können, hatte ich keine Angst. Ich empfand die Pensionierung als den Schritt in eine neue Form des Lebens und Schaffens, und so ist es denn auch tatsächlich geworden.

Der Abschied von der Universität wurde mir aber doch schwer, und ich habe mich im Grunde bis jetzt nicht abgefunden. Zum Glück wußte ich von diesem Abschied noch nichts, als ich die letzte Vorlesung hielt. So konnte die Sache, wie eigentlich alle Dinge in meinem Leben, still und ohne viel Aufhebens vor sich gehen. Sehr gefreut hat mich der Abschiedsgruß meiner Hörer. Zu Beginn des Sommersemesters kamen zwei, eine Studentin und ein Student, und brachten mir mit dem Dank der anderen das große Blumenbuch von Rudolf Koch, drei schöne Bände voll lieblicher Dinge. Ich habe es als ein Zeichen nahen Verstehens empfunden, daß die jungen Menschen mir, dem Philosophen und Theologen, zutrauten, ich werde ein solches Buch schätzen. Es ist mir sehr wert, und von Zeit zu Zeit sehe ich mir die Blumenbilder an. Die beigefügte Liste der Spender habe ich verbrannt; es sollte auch nicht der leiseste Schein eines Zusammenschlusses für sie entstehen.

Das Leben und die Arbeit, die nun folgten, wurden wirklich anders als bisher – umso gründlicher, als ein halbes Jahr darauf, im August 1939, auch Burg Rothenfels aufgehoben wurde, und ich so die beiden großen Beziehungspunkte verlor, welche bis dahin mein Sorgen und Arbeiten auf sich gezogen aber auch mein Leben mit dem Bewußtsein fruchtbarer Tätigkeit und eines tiefen menschlichen Zusammenhangs erfüllt hatten.

Zuerst empfand ich das schöne Gefühl von weitem Raum und großer Freiheit. Frühjahr und Sommer waren in Zehlendorf immer sehr schön; nun genoß ich Haus, Garten und Umgebung zum ersten Mal richtig. Ich konnte ruhig Stunden und Tage müßig vergehen lassen, ohne daß irgend ein Termin mit einer fertigzustellenden Arbeit drohte. Was meine Vorlesungstätigkeit so anstrengend gemacht hatte, war der produktive Charakter, von dem ich bereits gesprochen habe, und damit der Zwang, jedesmal zur Stunde nicht nur arbeiten, sondern hervorbringen zu müssen. Das fiel weg; die Produktion konnte ihrem inneren Gesetz folgen, und das war sehr wohltuend. So habe ich im Sommer und Herbst 1939 tatsächlich nicht viel getan. Zu Ostern und Pfingsten war ich in Rothenfels, bei schönen Tagungen, den letzten. Im Sommer bei den Meinen, in Isola, und bei Sattlers in Grendach.

Dann begann der Krieg und alles wurde anders. An verschiedenen Stellen begann die Arbeit wieder, und es bildete sich eine Art neuer Berufsgestalt aus. Der Studentengottesdienst in der St. Benedikt-Kapelle ging weiter, die Sprechstunden am Mittwoch und Samstag ebenso. Ich hielt Vortragsreihen in der Katholischen Volkshochschule und übernahm die Abendvorträge in der Canisiuskirche, welche der Frauenbund nach Beginn des Krieges einrichtete. Die literarische Tätigkeit entwickelte sich; im Winter 1939/40 habe ich besonders intensiv gearbeitet..

Allmählich machte der Kriegszustand sich stärker fühlbar. Im Frühjahr 1941 sah ich mich in Mooshausen und in seiner Umgebung nach einer Wohnung um, die für alle Fälle bereitstehen sollte, und fand sie schließlich im Rückgebäude des Tannheimer Schlosses. Wie ich sie fand, einrichtete und wieder verlor, ist eine Geschichte für sich. Ebenso, wie ich alles zum Umzug fertig hatte, die Wagen gepackt waren, durch die Verkehrssperre festgehalten wurden, ich fast zwei Monate im leeren Hause in der Chamberlainstraße wohnte, und schließlich wieder einzog. Über alles das berichte ich vielleicht anderswo, denn es gehört ebenso zu meinem Wesen, wie die Vorträge, die ich in dieser Zeit hielt und die Bücher, die in ihr entstanden. Alles gehört zusammen, und wenn man eine Sonderbarkeit wegoperierte, wüßte man nicht, welche Folgen sich an einer anderen, ganz wichtigen Stelle zeigen würden..

Im Sommer 1943 war ich in Grendach, da kam die Aufforderung von Reichsminister Göbbels an die in Berlin Nicht= Notwendigen, wegzugehen. In der daraufhin entstehenden Aufregung hatte Frl. Thomas angefangen zu packen. Meine

Gesundheit war seit längerem nicht gut gewesen; vor allem hatte das Herz die Luftangriffe gar nicht gut vertragen. So betrachtete ich das Ganze als Erlaubnis, von Berlin wegzugehen.

Wieder brach ich meine Lebens- und Arbeitsform ab, und ging ins Ungewisse, diesmal besonders fühlbar, weil es den Verlust von Haus und Heim mit sich brachte. Erst schien es, als ob ich in Grendach bleiben sollte; dann wünschten meine Freunde in Mooshausen, ich solle zu ihnen kommen, und es sprach so vieles dafür, daß ich es tat.

Seit 1918 war ich zweimal jährlich in den Ferien auf 8 bis 14 Tage hergekommen; nun bin ich seit anderthalb Jahren hier. Alles ist anders. Die äußere Tätigkeit, der Verkehr mit den Menschen und die Möglichkeiten des Angeregtwerdens und Lernens, die in Berlin mein Leben bestimmten, sind verschwunden. Alles hat sich in die Arbeit am Schreibtisch zusammengezogen – und in die Hoffnung, noch einmal zu irgend einer Aufgabe gerufen zu werden.

DIE SUCHE NACH DEM BERUF –
PRIESTERTUM
UND SEELSORGLICHE TÄTIGKEIT

I

Daß ich von meinem Weg in den priesterlichen Beruf erst an zweiter Stelle erzähle, bedeutet keine Geringschätzung für ihn. Priester zu sein, war für mich immer das Wesentliche, und die Lehrtätigkeit hat auf ihm geruht. Aber ich habe in meinen Gestaltanalysen gern die Methode angewendet, vom Erst=Sichtbaren auszugehen und von ihm zum Tieferen vorzudringen.

Auch der Weg zum Priestertum war nicht leicht – noch weniger als der zum Lehrstuhl. Wenn ein junger Mensch von heute diese Berichte läse, würde er sich sicher wundern, daß man über sich selbst so unklar sein könne, wie ich es gewesen bin. Die Ursache lag vor allem in mir selbst: in der Vielfältigkeit meines Wesens, die nur langsam ihren Mittelpunkt fand. Dann aber auch in äußeren Umständen, über die ich zuerst sprechen muß.

In einem späteren Kapitel werde ich eingehender über meine Abstammung und meine Familie sprechen, so beschränke ich mich hier auf das, was für das Folgende wichtig ist.

Meine Eltern kamen im Jahre 1886, als ich ein Jahr alt war, nach Deutschland, und zwar nach Mainz. Wenn man den großen Unterschied zwischen der damaligen italienischen und der deutschen Welt ins Auge faßt, bedeutete das so viel, als ob sie aus dem Jahre 1856 heraus in das von 1886 gekommen wären. Meine Eltern haben aber die Haltung ihrer Welt bewahrt, wo

57

es nur immer ging; so sind wir vier Brüder, von denen ich der älteste war, sehr streng, richtiger gesagt, altmodisch erzogen worden. Die Autorität der Eltern galt absolut und in allem. Man hatte ein guter, artiger, wohlerzogener Junge zu sein. Von Selbständigkeit war keine Rede.

Mein Vater, der das Geschäft des Großvaters nach Mainz verpflanzte, hat Deutschland sehr geschätzt, sich aber doch immer als Gast empfunden. Meine Mutter war noch radikaler. Sie war in Südtirol geboren und hatte schon als Kind die leidenschaftliche Liebe der Irredenta zu Italien in sich aufgenommen. Zwar wurde sie in Meran in einem deutschen Institut erzogen; dort verstärkte sich aber diese Gesinnung noch mehr. Als sie drei Jahre nach ihrer Verheiratung mit Vater übersiedelte, tat sie es nicht gern, und ihre Ablehnung des deutschen Wesens wurde dadurch immer schärfer. In Mainz verkehrte sie, einige unerläßliche Höflichkeitsbeziehungen ausgenommen, mit Niemandem. Sie liebte ihre Kinder leidenschaftlich und wendete sich so ganz ins Haus hinein. Am Sonntag ging sie zur Kirche, Werktags zu den notwendigen Besorgungen, im Übrigen lebte sie im Hause. In diesem geschlossenen Bereich hat sie, soviel an ihr lag, auch uns gehalten.

So wuchsen wir ganz im Hause auf. Das Kinderzimmer, dann, als wir größer wurden, das eigene Zimmer mit seinem Bett, seinem Arbeitstisch und seinem Schrank, bildeten unsere Welt. Die Tatsache, daß wir eine deutsche Erzieherin hatten, änderte daran nichts. Was bei den anderen Jungen selbstverständlich war, in Spiel und allerlei Unternehmungen zusammen zu sein, fiel bei uns fast ganz weg. Praktisch gesprochen, gingen wir zu niemand, und niemand kam zu uns. Die Wirkung war, daß ich von den Dingen des Lebens, die der junge Mensch ganz von selbst kennen lernt, indem er mit anderen verkehrt, so gut wie nichts erfuhr.

Wohl war noch die Schule da. Was diese aber für den Jungen wichtig macht, ist nicht so sehr der Unterricht, als die

Welt der Beziehungen mit Gleichaltrigen, welche sich ins Leben hinaus fortsetzen. Davon fiel bei uns das Meiste weg, so war die Schule ein isolierter Bereich, in den ich hineinging und den ich wieder verließ.. Wenn ich mich frage, mit welchen Gefühlen die Schule für mich verbunden war, so war es vor allem das einer Fremdheit, die sich oft genug zur Furcht steigerte. Das hing gewiß auch mit der Lehrerschaft zusammen. Von ihnen hat keiner ein wirkliches Interesse für eine Sache bei mir zu wecken gewußt. Verehrt habe ich keinen. Gern gehabt nur den für Französisch und Englisch in den Oberklassen; wahrscheinlich deshalb, weil er mich auf die Zusammenhänge zwischen der italienischen und französischen Sprache aufmerksam machte.. Der eigentliche Grund für die Fremdheit aber war doch wohl die Atmosphäre des Hauses, das uns nie ins Freie entließ.

Mein Vater lebte eigentlich überhaupt nicht mit uns. Er hatte uns sehr gern, und wir ihn auch, aber wir bekamen ihn kaum zu sehen. Sein Geschäft nahm ihn ganz in Anspruch, und er war oft auf Reisen. Zum Ferienaufenthalt auf dem Lande kam er nie mit; überhaupt erinnere ich mich nicht, daß er sich je eine Erholung gegönnt hätte.

Er war sehr begabt, hatte aber schon als Vierzehnjähriger die Schule verlassen und für den Unterhalt seiner Eltern sorgen müssen. Eigentlich hatte er Jurist und Volkswirtschafter werden wollen, mußte aber darauf verzichten. Nachdem er dann jahrelang versucht hatte, sich neben einer anstrengenden Berufstätigkeit weiterzubilden, muß er die Unmöglichkeit erkannt und alles aufgegeben haben. Die Wirkung war, daß er nie über geistige Dinge sprach; die Türen waren zugefallen. Auch von seinem inneren, persönlichen Leben erfuhr niemand etwas. Als er 1919 starb, war ich 34 Jahre alt: ich glaube aber, daß ich in dieser ganzen Zeit nicht mehr als zehn oder fünfzehn tiefergehende persönliche oder sachliche Gespräche mit ihm gehabt habe.

Sein Leben muß furchtbar einsam gewesen sein. Für ihn gab es im Grunde nur die Arbeit. Mich berührt es immer wieder, daß unter den wenigen Möbeln, die ich gut erhalten aus meinem Berliner Hause gerettet habe, sein Schreibtisch ist – der, an dem ich diese Erinnerungen schreibe. Wie oft habe ich ihn in seinem Büro daran sitzen sehen!

So hat auch er die geschlossene Welt unserer Kindheit und Jugend nicht ausgeweitet.

Wenn ich auf die Zeit bis zur Reifeprüfung zurückblicke, die ich im Alter von achtzehneinhalb Jahren bestand, dann erscheint sie mir wie zugedeckt. Warum das so war, weiß ich nicht. Sicher hat es psychologisch allerlei zu bedeuten. Diese Bedeutung ist aber gewiß auch eine gute. Ich habe das Gefühl, daß diese lange, bis in die Universitätszeit reichende Verhüllung, von der ein Element durch mein ganzes Leben hin geblieben ist, mit dem innersten Dasein, vor allem der geistigen Produktivität zusammenhängt.. In meiner Kindheit und Jugend muß ich eine Art Traumleben geführt haben, aus dem mir nur sehr wenig in Erinnerung geblieben ist.

Auch die Ferienaufenthalte im Odenwald und Taunus änderten daran nichts. Ebensowenig die Reisen nach Italien zu den Großeltern, die, wie es bei wohlhabenden Familien der Fall war, außer ihrem Stadthaus in Verona einen schönen Besitz auf dem Lande hatten. Wir gingen dann nur aus einer geschlossenen Welt in die andere; denn das Haus, in welchem die mit Scheu betrachteten Gestalten des Großvaters und der Großmutter herrschten, bedeutete nur einen Wechsel des Ortes und der Dinge, nicht der Lebensführung, die sogar noch strenger war, als zu Hause.

Was das Religiöse angeht, so waren die Eltern gläubig. Vater vielleicht mit dem leisen skeptischen Einschlag, der beim Italiener sehr häufig ist. Er ging jeden Sonntag zur Kirche, sprach aber über religiöse Dinge so gut wie nie. Mutter war fromm in einem sehr innerlichen und herben Sinne. Ich erinnere mich, wie sie Morgens nach der, damaliger Sitte gemäß seltenen, Kommunion an unser Bett kam und uns küßte, was ich wie etwas Geheimnisvoll=Heiliges empfand. Morgen- und Abendgebet, der sonntägliche Kirchenbesuch usw. waren für uns selbstverständlich; im übrigen wurde über Religiöses nicht ohne besonderen Anlaß geredet.

Mein Religionslehrer im Gymnasium war persönlich sicher begabt, denn er hatte den Doktortitel, als Lehrer aber absolut unzulänglich. Ich habe von ihm nichts gelernt, und noch viel weniger hat er in mir ein echtes Interesse geweckt.

Was endlich mein eigenes religiöses Leben betrifft, so hat das bis tief in mein Universitätsstudium unter einem Druck gestanden. Ich war immer ängstlich und lange Jahre hindurch sehr skrupulös. Das ist für einen jungen Menschen im Grunde schlimmer als Leichtsinn; denn Leichtsinn ist wenigstens Leben, die Selbstquälerei des ängstlichen Gewissens aber zerstört. Helfen kann hier eigentlich nur ein anderer, der sieht, worum es geht; einen solchen traf ich aber nicht. Hinzu kam eine Neigung zur Schwermut, die später akut werden sollte, mir aber immer zu schaffen gemacht hat.

Das alles hätte nun zu einem intensiven Innenleben voll starker Erfahrungen führen können; auch das ist aber nicht geschehen. Wenn ich zurückblicke, ist die ganze Zeit bis zur Universität wie verhüllt. Auch von den frühen Kindheitserinnerungen, die den Anfang aller Biographien zu reizvoll machen, begegnet mir nichts. Natürlich will ich damit nicht sagen, jene Jahre seien leer gewesen. Was sich später entfaltete, muß ja seine Wurzeln gehabt haben. Aber alles liegt wie unter Wasser. Das Gefühl der glücklichen Kindheit und den Wunsch, in sie zurückzukehren, habe ich nie gehabt. Ich möchte in meine Kindheit nicht zurückkehren. Dabei haben aber, das will ich noch einmal hinzufügen, die Eltern uns sehr geliebt, und wir sie ebenfalls; und wir vier Brüder waren trotz aller Gegensätze, Spannungen und Streitigkeiten miteinander sehr verbunden und sind es bis zur Stunde geblieben.

II

Das war eine lange Einleitung zum folgenden Bericht, aber sie war notwendig, weil erst sie manches Seltsame verständlich macht, das in ihm zu sagen sein wird.

Vor allem, daß ich, als die Zeit der Reifeprüfung herankam und der Beruf gewählt werden sollte, einfach nicht wußte, was tun. Aber das ist noch nicht genug gesagt; ich wußte im Grunde genommen nicht, was man tun könne. Da aber mein Vater, der sein Land sehr liebte, die Möglichkeit, ich könnte die deutsche Staatsangehörigkeit erwerben, überhaupt nicht in Erwägung zog, fielen dazu noch alle Formen des Beamtentums und der juristischen Berufe weg. Die Entscheidung – wenn man einen so gefaßten Entschluß überhaupt mit diesem Namen bezeichnen kann – kam folgendermaßen zu Stande: In der Schule saß neben mir ein Junge, der aus wirklicher Freude an der Sache Chemiker wurde – und so wurde ich es auch.

Und zwar ging ich nach Tübingen. Auch dieser Entschluß kam nicht aus eigener Initiative. Das Geschäft meines Vaters hatte in Stuttgart eine Filiale, und der Leiter derselben sollte mir zur Hand gehen können. Er bzw. ein durch ihn aufgeforderter Geschäftsfreund war es auch, der mir in Tübingen ein Zimmer besorgte.. Vater begleitete mich hin. In Plochingen warteten wir auf den Anschluß; da sagte er mir in einem Ton, dem man anhörte, wie schwierig ihm selbst die Sache wurde, einige Sätze von etwas, wovor ich mich in acht nehmen solle. Erst später habe ich verstanden, daß es sich um die sexuellen Dinge handelte. Tatsächlich bin ich einige Semester auf der Universität gewesen, ohne darüber Bescheid zu wissen. Daß ich nicht in schlimme Sachen geraten bin, lag – für einen Augenblick von Gottes Führung abgesehen – vor allem an meiner grenzenlosen Schüchternheit, welche machte, daß ich in der akademischen Freiheit das gleiche Leben weiterführte wie zu Hause.

Ich studierte also Chemie, muß aber sofort etwas Beschämendes bekennen: von der ganzen Sache habe ich so gut wie nichts verstanden. Vor allem hatte ich keine mathematische Begabung, und was ist Naturwissenschaft ohne Mathematik? Dann fehlte mir das scharfe Interesse für Experiment und positive Erfahrung, das besonders für den Chemiker wichtig ist. Endlich herrschte damals in der Naturwissenschaft ein absoluter Materialismus, sodaß die in mir wartenden Anlagen nicht berührt wurden.

Dazu kam die damalige Lehrmethode. Ich möchte nicht hart urteilen, muß aber sagen, daß unter den vielen akademischen Lehrern, die ich im Laufe meines langen Studiums kennengelernt habe, kaum einer war, der sich aktiv um seine Schüler – vielleicht muß ich einschränkend sagen, um so scheue Leute, wie ich es war – gekümmert hätte. Je nachdem waren es bedeutende oder weniger bedeutende Wissenschafter und gute oder weniger gute Vortragende; um den jungen Menschen haben sie sich aus eigener Initiative nicht gekümmert. Wenn er an seine richtige Stelle gekommen war und durch irgend eine Leistung ihr Interesse geweckt hatte, mochte es anders werden. Sehr wichtige Aufgaben geistiger Pädagogik liegen aber schon vorher: das Interesse im jungen Menschen zu wecken; ihm zu sich selbst zu helfen; ihn zu lehren, wie man geistig und näherhin wissenschaftlich arbeitet, wie man eine Frage ins Auge faßt und ihr beikommt, die Hilfsmittel gebrauchen lernt, Schwierigkeiten überwindet usw.. Mir ging es so, daß ich die Vorlesungen hörte, aber keinen inneren Zugang zu ihnen fand, aber keiner da war, der mir gezeigt hätte, wie man das macht. Im zweiten Semester trat ich in die anorganische Abteilung des Laboratoriums ein. Da stand ich denn an den Apparaten und begriff den Vorgang nicht. Neben mir am selben Tisch arbeitete ein Dr. F., Assistent oder schon Privatdozent; jedenfalls gab er uns die Aufgaben für Analysen und kontrollierte unsere Ergebnisse. Er muß gesehen haben, daß ich nicht durchkam; wenn er nicht einmal das tat, ist überhaupt kein Wort mehr zu verlieren. Er hat aber nicht den leisesten Versuch gemacht, mir zu helfen. Wie nahe hätte es gelegen, den jungen Menschen einmal auf dem Heimweg mitzunehmen und zu hören, wie es mit ihm stehe. Ein paar Gespräche hätten mir wahrscheinlich viel Ratlosigkeit und viel Zeit erspart. Aber nichts dergleichen geschah. Daß Professor W., dem das Institut unterstand, und der von Zeit zu Zeit an den Arbeitstischen vorüberging, sich um einen anfangenden Studenten gekümmert hätte, kam natürlich überhaupt nicht in Erwägung.

Mein Verkehr während der beiden Semester beschränkte sich im Wesentlichen auf einen Chemiestudenten aus Brüx in der Tschechei; einen langweiligen, positivistisch gerichteten Menschen, bei dem ich wohl nur deshalb Anschluß gefunden habe, weil er, als Ausländer, ebenfalls isoliert war. Vernünftiges konnte dabei nicht herauskommen; er hat mir nur gezeigt, wie man Schnäpse macht.. Die andere Beziehung bestand darin, daß ich sonntags nach Stuttgart fuhr, den Geschäftsführer meines Vaters besuchte und von ihm zu dieser oder jener Unterhaltung mitgenommen wurde; eine ziemlich trostlose Sache.

Die Zeit war schlimm. Ich fühlte, daß es so nicht gehen könne und kam doch nicht durch. Andererseits fand ich keinen Weg zu Menschen, die mir hätten voranhelfen können. Die einzigen guten Stunden waren, wenn ich in der schönen Umgebung von Tübingen herumlief – oder aber, wenn ich abends im Bett lag und Fritz Reuter las. Es ist nicht schön, diese Kümmerlichkeit zu erzählen, aber wenn man schon ans Berichten geht, muß man ehrlich sein.

Mein Vater merkte, daß die Dinge keinen guten Weg gingen, sagte aber nichts. So war er wohl bekümmert, aber kaum überrascht, als ich ihm nach zwei Semestern erklären mußte, daß ich nicht weiter könne.

III

Und nun begann dieselbe traurige Komödie noch einmal: ich wußte nicht, was ich tun sollte. Wenn die Einschränkungen, von denen ich oben gesprochen habe, nicht gewesen wären, hätte ich vermutlich Philologie und Literaturwissenschaft studiert, doch das ging nicht.. Eine Entscheidung mußte aber sein, so kam sie in der gleichen sinnlosen Weise zu Stande wie die erste. Ich hatte in Mainz einen Bekannten, der Staatswissenschaft studierte. Was das genauer sei, wußte ich nicht, hatte nur das Gefühl, es müßte etwas Geistigeres sein als Chemie, und erklärte meinem Vater, ich wolle das studieren.

Also ging ich zusammen mit meinem Bekannten nach München zu dem damals weithin berühmten liberalen Nationalökonomen Lujo Brentano. Ich hörte seine Vorlesungen und hatte davon nicht viel mehr als von der Chemie. Ich ging in sein Seminar, wo über hundert Leute saßen, hörte die gelehrten Seminararbeiten vorlesen, ohne sie zu verstehen, vor allem ohne zu sehen, wie eine solche zu Stande kam.

In der Meinung, man müsse bald eine Doktorarbeit haben, ging ich zu Brentano und fragte ihn nach einem Thema. Da ich italienisch konnte, schlug er mir vor, über die Aufhebung der Fideikommisse in Italien zu arbeiten. Und nun ein kleines Detail, das wohl besser als längere Ausführungen den Zustand charakterisiert, in dem ich mich befand. Brentano hatte im Kolleg das Werk der beiden Webbs über die englischen Gewerkschaften empfohlen, und ich hatte angefangen, es zu lesen. Nun bat ich ihn, mir für das Thema Literatur zum Hineinkommen zu nennen, und er sagte, ich solle einmal mit Burckhardts „Kultur der Renaissance" anfangen – ob er sich viel dabei gedacht hat, weiß ich nicht. Da fragte ich ihn: „Herr Geheimrat, soll ich dann aufhören, den Webbs zu lesen?" Noch heute, beim Berichten, schäme ich mich. Wenn ein Student im dritten Semester zu mir käme, und stellte mir in diesem Zusammenhang diese Frage, und der Augenschein zeigte mir, daß er gerade kein Idiot ist, würde ich mir sagen: „Das ist ja ein Kind, dem man helfen muß!" Ich würde mir sagen, diese Pflicht sei für einen akademischen Lehrer dringlicher, als dicke Bücher zu schreiben und auf Kongressen zu glänzen; würde ihn mir nach Hause bestellen und sehen, daß ich ihn auf seinen Weg bringe. So aber hat mich der große Mann nur verwundert angesehen und erwidert, das könne ich ja! Gewiß war mein Fall selten. Studenten, die im dritten Semester derart hilflos vor Leben und Wissenschaft standen, wie ich es damals tat, mag es nicht viele gegeben haben. Immerhin war ich aber da, und glaube nicht, den Eindruck eines hoffnungslos Dummen gemacht zu haben. Und im übrigen zeigte sich an meinem Fall nur ganz grell, wie unzulänglich überhaupt die Vorstellung der Professoren von ihrer Aufgabe als Lehrer war.

Ich fing also an, Burckhardt zu lesen, holte mir die italienischen Parlamentsberichte, suchte, was da über Fideikommisse stehe und las auch sonst dieses und jenes. Das Ganze aber wurde ein vollkommener Mißerfolg. Nicht nur so, daß die Arbeit schlecht geworden wäre, sondern es kam überhaupt nichts zu Stande. Und mit der ganzen Nationalökonomie ging es ebenso. Sie war damals noch im Zustand des Werdens; alle Leute, die nichts Reguläres studieren wollten oder konnten, wurden Nationalökonomen. Dazu bedurfte es aber einer inneren Initiative, eines Interesses an den sozialen und politischen Dingen, und das alles hatte ich nicht. So blieb ihr Studium als eine drückende und im Letzten unverstandene Sache an mir hängen.

Was für mich damals wirklich bedeutungsvoll wurde, war die Stadt und die künstlerisch-literarische Luft in ihr. Ich fand anregende Freunde, aber, bezeichnend genug, nicht unter Fachgenossen, sondern unter Kunsthistorikern, Literarhistorikern und Schriftstellern. Damals kam ich auch mehr ins Leben hinein. Die eigentümliche Mischung von Großstadt und

Behaglichkeit, durchwachsen mit einer künstlerischen Bohême, welche immer auf die Spießerei der Stadt schimpfte und sich darin doch unendlich wohl fühlte, wirkte lösend und anregend auf mich. Ich ging ins Café und nahm an den endlosen Diskussionen über Literatur und bildende Kunst teil; besuchte Konzerte, Museen und Ausstellungen, sah mich in der schönen Umgebung um – alles freilich doch noch von der Schüchternheit gebunden, die ich in mir trug.

In München bin ich auch in die entscheidende Krise meines religiösen Lebens gekommen.

Während der Tübinger Zeit hatte ich im Grunde so weiter gelebt wie zu Hause. Ich hatte meine täglichen Gebete verrichtet, wenn ich sie nicht gerade vergaß oder unterließ; war Sonntags in die Kirche und von Zeit zu Zeit zu den Sakramenten gegangen; hatte auch allerlei religiöse Literatur gelesen, alte Texte oder apologetische Schriften.

Besonders wichtig wurde für mich die Beziehung mit zwei Menschen, die ich kurz vorher kennen gelernt hatte. Das war Prof. Wilhelm Schleußner, Lehrer für Deutsch und Geschichte am Mainzer Realgymnasium und seine Frau Josefine. Sie waren kinderlos, und allerlei Leute gingen bei ihnen aus und ein. Durch einen Schulkameraden wurde ich bei ihnen eingeführt und begann auch, zu ihnen zu gehen; erst hin und wieder, dann immer häufiger, schließlich so oft, daß ich mich heute wundere, wie die Beiden, die doch ihre Arbeit hatten, soviel Zeit mit mir verlieren mochten. Schleußner war Konvertit und hatte intensive religiöse Interessen. Vor allem kannte er die deutsche Mystik und hat später unter dem Pseudonym „Bruder Bardo" die im Matthias-Grünewald-Verlag erschienenen „Deutschen Gebete" herausgegeben. Seine Frau war bedeutender als er. Aus ihrem elterlichen Hause hatte sie eine nicht alltägliche Bildung mitgebracht, verstand Latein und hatte, um die Schriften der heiligen Theresia, die sie vor allem liebte, im Original lesen zu können, spanisch gelernt. Sie lebte das geistige Leben ihres Mannes mit und half ihm bei seiner Schriftstellerei. Zugleich tat sie eine an Entsagungen und Sorgen reiche Arbeit im Mainzer katholischen Dienstbotenverein. Schon das zeigt, daß sie nicht zu den Blaustrümpfen gehörte. Sie war liebenswürdig und lebendig, und man freute sich, bei ihr sein zu dürfen. So habe ich ihr denn auch die Verehrung entgegengebracht, die ein junger Mensch für eine viel ältere, geistig bedeutende und menschlich sehr feine Frau empfindet. Hinzu kam, was ich am Anfang nicht wußte, mit der Zeit aber doch wohl zu ahnen begann, daß sie nicht nur ein intensives religiöses Leben führte, sondern wahrscheinlich wirklich mystische Erfahrung hatte. In ihrer Nähe fühlte man etwas Ungewöhnliches, aber in der Form einer Güte und Zurückhaltung, die nie verwirrte oder bedrückte, sondern immer half. Mit Schleußners diskutierte ich meine religiösen Fragen, wurde mir aber bald bewußt, daß hauptsächlich sie es war, derentwegen ich kam. So war es denn auch am schönsten, wenn ich sie allein traf, und ihr erzählen konnte, was ich auf dem Herzen hatte.

Zum ersten Mal kam ich in das Haus, als ich noch in Tübingen war, und Schleußner hat mir nachher gesagt, wie sehr er sich gewundert habe, als ich ihm als Student der Chemie vorgestellt wurde. Die Besuche haben meine Münchener Zeit begleitet, und ich habe meine damals erwachenden, kritisch werdenden Zweifel hingetragen – und nun kehre ich zu diesen zurück.

Meine religiösen Überzeugungen fingen nämlich an zu wanken. Einen besonderen Anlaß kann ich dafür nicht nennen. Auch nicht den, welchen die pädagogische Weisheit gern als Regel annahm, daß ich in irgendwelche erotische Beziehungen geraten wäre, denn das ist nicht geschehen. Nicht, daß ich solchen Dingen mit Absicht aus dem Wege gegangen wäre, sondern es kam eben nicht dazu.. Eigentlich ist der Ausdruck, die religiösen Überzeugungen seien wankend geworden, nicht richtig, sondern sie wurden immer weniger. Wenn ich abends mein Abendgebet sprechen wollte, wußte ich nicht, wohin ich es richten solle und habe manches Mal – eine groteske Sache – einen Gottesbeweis rekapituliert, um zu wissen, daß es einen Gott gebe, zu dem ich beten könne. Eines Abends kam ich mit einem Studenten – einem Kunsthistoriker, der ein sehr kostspieliges Leben führte und Kantianer zu sein behauptete – über religiöse Fragen ins Gespräch. Ich legte ihm die üblichen Argumente für die Existenz Gottes dar, und er erwiderte mit den Gedankengängen der kantischen Kritik. Damals ist mir der ganze Glaube zerronnen; richtiger gesagt, ich habe gemerkt, daß ich keinen mehr hatte. Das war im Sommer 1905.

IV

In den Herbstferien kam mein Freund Karl Neundörfer zu mir, und wir gingen zusammen nach Staltach, ein kleines Dorf am Starnberger See. Dort wohnten wir für wenig Geld bei netten Bauersleuten; ich erinnere mich noch, daß er den stattlichen Namen Bartholomäus Werkmeister führte, und sie umfangreich und freundlich war.

Hier muß ich etwas über Karl Neundörfer sagen. Wir waren seit der ersten Schulklasse, also seit dem Jahre 1891 in der gleichen Klasse gewesen, hatten uns immer gekannt und ganz gern gemocht. Gegen Ende unserer Schulzeit schlossen wir eine Freundschaft, die bis zu seinem Tod im Fexgletscher bei Sils Maria im Jahre 1925 gedauert hat und immer klarer und sicherer geworden ist. Daß er starb, war wohl der bitterste Verlust meines Lebens.. Als ich mit der törichten Absicht, Chemie zu studieren, nach Tübingen ging, begann er in Gießen das Studium der Rechtswissenschaft. Er war ein gescheiter, sorgfältiger und ruhiger Arbeiter und bestand seine Examina aufs beste. Seine Geistesart war von der meinen sehr verschieden. Bei ihm lag der Schwerpunkt in einem klaren, wunderbar geordneten Verstand und in einer ruhigen, unermüdlichen Tätigkeit. Unter seiner Hand entstand die Ordnung von selbst. Sein ganzes Wesen war gesund und zuverlässig. Er kam aus einer tiefgläubigen katholischen Familie, geriet aber dann unter den Einfluß der damaligen neukantischen Strömung. Doch geschah das nicht zufällig, denn Kant war ihm innerlich verwandt. Seiner Neigung nach wäre er ein geistig lebendiger, sachlich klarer und wunderbar zuverlässiger Jurist geworden. Unter dem Einfluß der kantischen Kritik hätte er die katholischen Überzeugungen aufgegeben und sich eine Lebensphilosophie zurechtgedacht, die in metaphysischen Dingen sehr zurückhaltend gewesen wäre und in einer durch religiöse Ehrfurcht hinterbauten Ethik gegipfelt hätte.. Tatsächlich war auch er in die religiöse Krise geraten, und der Aufenthalt in Staltach sollte sie für ihn wie für mich voranführen. Wir verlebten zusammen eine gute Zeit, machten schöne Gänge, badeten, lagen in der Sonne und aßen die reichliche Kost, die uns Frau Werkmeister fast für ein Nichts gab. Zugleich lasen wir; welches Buch er, weiß ich nicht mehr genau, ich die „Grundlagen des neunzehnten Jahrhunderts" von Houston Stuart Chamberlein. Die Lektüre dieses Buches vollendete in gewisser Weise das Gespräch am Brunnen vor der Münchener Universität.

Dann fuhren wir nach Hause. Ich berichtete Herrn und Frau Schleußner, was geschehen war und glaubte zu merken, daß es ihnen nahe ging.. Aus jenen Ferien ist mir ein Theaterbesuch in Erinnerung. Humperdincks Königskinder wurde gegeben, und ich empfand den tragischen Ausgang als Bestätigung dessen, was ich erlebt hatte. Geblieben war mir der Gedanke eines Allwesens, das hinter allem webt und waltet, von dem man aber nichts Deutliches sagen kann.

*

Dann kam aber eine Wendung. Was mich vom Glauben weggebracht hatte, waren nicht wirkliche Gründe gegen ihn gewesen, sondern die Tatsache, daß die Gründe für ihn mir nichts mehr sagten. Der Glaube als bewußter Akt war immer schwächer geworden und schließlich gestorben. Doch denke ich, daß die unbewußte Beziehung zur christlichen Wirklichkeit nie ganz zerrissen ist. Wichtig war auch, daß ich keinen Groll gegen die Kirche oder irgend eine kirchliche Persönlichkeit hatte, und daß die Not des ängstlichen Gewissens, die ja eng mit der kirchlichen Erziehung zusammenhing, nicht zum Widerstand gegen diese geworden war.. Nun wurde das Religiöse von innen her wieder stärker. Das aber führte, wie die Dinge lagen, unmittelbar zur Annäherung an den christlichen Glauben.

Welche Überlegungen dabei mitgewirkt haben, kann ich im Einzelnen nicht mehr sagen; eine Erkenntnis aber ist mir damals aufgegangen, die das ganze innere Geschehen rechtfertigte und formte, und die mir seitdem als der eigentliche Schlüssel zum Glauben geblieben ist. Ich erinnere mich, als sei es gestern gewesen, der Stunde, in welcher diese Erkenntnis zur Entscheidung wurde. Es war in meinem Dachkämmerchen im elterlichen Hause in der Gonsenheimer Straße. Karl Neundörfer und ich hatten über die Fragen, die uns beide beschäftigten, gesprochen, und mein letztes Wort hatte gelautet: „Es wird wohl auf den Satz hinauskommen: ‚Wer seine Seele festhält, wird sie verlieren; wer sie aber hergibt, wird sie gewinnen‘.“ Die Interpretation, die in der Übersetzung von Mt. 10,39 lag, sagt, worauf es mir ankam. Es war mir allmählich klar geworden, daß ein Gesetz bestehe, wonach der Mensch, wenn er „seine Seele behält“, das heißt, in sich selber bleibt und als gültig nur annimmt, was ihm unmittelbar einleuchtet, das Eigentliche verliert. Will er zur Wahrheit und in der Wahrheit zum wahren Selbst gelangen, dann muß er sich hergeben. Diese Einsicht hat sicher Vorstufen gehabt, sie sind mir aber entfallen. Karl Neundörfer war auf diese Worte hin ins Nebenzimmer gegangen, aus welchem eine Türe auf einen Balkon führte. Ich saß vor meinem Tisch, und der Gedanke ging weiter: „Meine Seele hergeben – aber an wen? Wer ist im Stande, sie mir abzufordern? So abzufordern, daß darin nicht doch wieder ich es bin, der sie in die Hand nimmt? Nicht einfachhin ‚Gott‘, denn wenn der Mensch es nur mit Gott zu tun haben will, dann sagt er ‚Gott‘ und meint sich selbst. Es muß also eine objektive Instanz sein, die meine Antwort aus jeglichem Schlupfwinkel der Selbstbehauptung herausziehen kann. Das aber ist nur eine einzige: die katholische Kirche in ihrer Autorität und Präzision. Die Frage des Behaltens oder Hergebens der Seele entscheidet sich letztlich nicht vor Gott, sondern vor der Kirche.“ Da war mir zu Mute, als ob ich alles – wirklich „alles“, mein Dasein – in meinen Händen trüge, wie in einer Waage, die im Gleichgewicht stand: „Ich kann sie nach rechts sinken lassen, oder nach links. Ich kann meine Seele hergeben, oder sie behalten..“ Und da habe ich denn die Waage nach rechts sinken lassen. Der Augenblick war ganz still. Da war weder eine Erschütterung, noch eine Erleuchtung, noch irgend ein Erlebnis. Es war die ganz klare Einsicht: „so ist es“ – und die unmerklich leise Bewegung: „so soll es sein!“ Dann ging ich hinaus zu meinem Freunde und sagte es ihm. In ihm selbst aber muß etwas Ähnliches vor sich gegangen sein. Bei ihm hatte das führende Wort schon lange gelautet: „Die größte Chance der Wahrheit ist dort, wo die größte Möglichkeit der Liebe ist.“ Darin hatte sich bei ihm schon lange eine Überwindung seiner klaren, gerechten, aber auch sehr selbstsicheren und selbstbewußten Natur vorbereitet. Er hatte erkannt, daß ihm die Welt der Liebe fehle, und die Fülle der Existenz daran hänge, sie zu gewinnen. So war für ihn die Frage gewesen, wo der Weg zur Liebe führe, und die Antwort hatte auch für ihn gelautet: durch die Kirche.

In den nächsten Tagen war ich sehr glücklich, in einem ruhigen und stillen Glück. Ich bin nie ein Mensch großer Erschütterungen gewesen. Die Dinge haben bei mir immer etwas Gehaltenes, um nicht zu sagen Kühles gehabt. So war es auch jetzt.. Ich schrieb alles in das Tagebuch, worin ich über die ganze Entwicklung berichtet hatte und brachte es zu Schleußners. Sie waren die einzigen, denen ich damals Rechenschaft gegeben habe.

V

Nach diesen Ferien ging Karl Neundörfer nach Gießen, um dort sein Staatsexamen zu machen, und ich nach Berlin. Warum ich eigentlich von München, das ich sehr gern hatte, nach Berlin gegangen bin, weiß ich nicht mehr recht; wahrscheinlich gehörte es zum Stil des nationalökonomischen Studiums, nach dem etwas bohêmehaften München in die strenge Arbeitsstadt Berlin zu gehen, wo auch die sozialen Probleme viel härter an einen herankamen. Ich ging also hin, und das Wintersemester, das ich dort verbrachte, ist das schlimmste meiner ganzen Studienzeit geworden.

Das hing einmal mit dem Charakter des dortigen Lebens zusammen. Man kann sich in Berlin sehr wohl fühlen; muß aber eine Wohnung haben, in die man immer wieder gern zurückkehrt, und eine Arbeit, die einen interessiert und ausfüllt – falls es nicht so ist, daß man viel überschüssige Kraft hat und sich austoben will. Das alles traf bei mir nicht zu. Was die Wohnung angeht, so habe ich in den organisatorisch=praktischen – im Unterschied zu den technisch=praktischen – Dingen des Lebens nie viel Geschick gehabt; nachdem ich weiß nicht wie viele Zimmer angesehen hatte, blieb ich an einem hängen, das alles andere als behaglich war. Es lag in der Nähe des Bellevuebahnhofs, nach dem Hof hinaus, war dunkel und hatte fünf Ecken. Mit der Arbeit aber stand es schlecht.. So habe ich von jenem Winter nur nebenher etwas gehabt. Ich hatte anregenden Verkehr, meistens noch von München her. Auch ging ich viel in Konzerte und Theater – vor allem wurde Ibsen am Lessingtheater wunderbar gespielt, und man erlebte die interessanten Experimente der Reinhardtbühnen. Auch wohnte in Berlin ein Geistlicher aus der Mainzer Diözese, Dr. Johannes Moser, ein etwas schrulliges Genie, bei dem ich hin und wieder einen anregenden Abend verbrachte. Im ganzen aber habe ich mich in der uferlosen Stadt, wo jeder so genau zu wissen schien, was er wollte, sehr fehl am Platze gefühlt.

Außer Simmel, Wölfflin u. a. hörte ich vor allem Adolf Wagner und Max Sering. Bei Letzterem, der mir für die Frage der Fideikommisse zuständig erschien, war ich im Seminar, einem großen Betrieb mit tüchtigen Leuten, die erdrückend viel wußten. Das ging eine Weile; dann mußte ich mir zugestehen, daß ich auch mit der Nationalökonomie nichts anfangen konnte. Als Ganzes, als theoretische und praktische Aufgabe verstand ich sie nicht; so war mir von dorther auch das Einzelne unverständlich, und ich sah mit Grauen die Frage auftauchen, was aus mir werden solle. Wie konnte ich meinem Vater sagen, auch mit diesem zweiten Studium sei es nichts und, noch schlimmer, ich wisse kein anderes? Eine kurze Zeit habe ich an die Möglichkeit gedacht, mich der Medizin zuzuwenden. Was mich da abgeschreckt hat, war wohl die naturwissenschaftliche Vorbereitung. Abgesehen davon wäre es aber auch keine wirkliche Berufung, sondern nur ein Ausweg gewesen. So ging das Semester langsam seinem Ende entgegen.

Zum Glück hatte ich wenigstens den religiösen Mittelpunkt, so konnte ich wieder beten und zur Kirche gehen. Eines Sonntags war ich beim Hochamt in der Dominikanerkirche in der Oldenburger Straße. Ich befand mich in einem sehr schlimmen Zustand. Wie ich den kollektierenden Laienbruder ruhigen Gesichts mit seinem Klingelbeutel herumgehen sah, beneidete ich ihn inbrünstig, und plötzlich kam mir der Gedanke: „Könntest du nicht das gleiche werden wie er? Dann hättest du Frieden." Dann ging der Gedanke aber sofort weiter: „Nein, Laienbruder nicht, aber du könntest Priester werden!" Und da war es, als ob alles ruhig und klar würde, und ich ging mit einem Glücksgefühl nach Hause, wie ich es, abgesehen von jenen Mainzer Tagen, seit langem nicht mehr empfunden hatte.

Am nächsten Tage traf ich in der Staatsbibliothek Dr. Moser und fragte, ob ich ihn besuchen dürfe. Er sagte freundlich zu, und wie ich abends zu ihm kam, war fast sein erstes Wort: „Sie wollen Theologe werden?" Ich hatte ihm noch nichts gesagt; so empfand ich die Frage, die wahrscheinlich für einen Menschenkenner kein Kunststück war, wie eine Bestätigung. Wir sprachen dann weiter über die Sache, und er, der ein Schüler von Hermann Schell gewesen war, riet mir, nach Würzburg zu gehen.

Irgendwie brachte ich das Semester zu Ende, mit Sorge dem Augenblick entgegensehend, in welchem ich mit meinem Vater sprechen würde. Wahrscheinlich habe ich ihm schon über die Sache geschrieben.

In Mainz kam dann die gefürchtete Unterredung. Mein Vater hat mir immer – vor allem wohl in der Erinnerung an das Opfer, das er selbst um seiner Familie willen hatte bringen müssen, und überhaupt aus Güte – volle Freiheit gelassen, so daß ich dafür nur immer dankbar sein kann. Er hielt mich aber für einen unsteten, von Stimmungen beherrschten Charakter, und war daher über die neue Krise sehr ungehalten. Vor allem glaubte er nicht an die Echtheit des geistlichen Berufes, vor dem er eine hohe Achtung hatte. So verlangte er, ich solle erst das nationalökonomische Studium abschließen und dann, wenn ich noch dieselbe Absicht hätte, zur Theologie übergehen. Das wollte ich unter keinen Umständen, und schließlich gab er nach.

Meine Mutter war viel entschiedener als er. Sie war in einem ganz innerlichen und starken Sinne fromm, hatte aber vor allem Kirchlich-Klerikalen fast eine Abneigung; jedenfalls hielt sie dazu entschiedene Distanz. So war ihr, glaube ich, der Gedanke, ihr ältester Sohn wolle Priester werden, einfach gênant, und sie verlangte von Vater, wenn ich bei der Absicht bliebe, solle er mir die Mittel zum Studium verweigern. Es kostete manche unerfreuliche Unterredung, bis sie einigermaßen zustimmte.

Priester werden konnte man nur im Zusammenhang mit einer Diözese; so war es das Erste, daß ich mit meinem Pfarrer sprach und ihm auch von meinem Wunsch sagte, nach Würzburg zu gehen. Dr. S. redete seinerseits mit dem Regens des Seminars, und beide waren mit meinen Plänen nicht sehr einverstanden. Schon daß ich, statt ins Seminar einzutreten, weiter zur Universität wollte, fanden sie nicht in Ordnung; gaben es aber, wohl im Hinblick auf mein bisheriges Studium und als Zeit der Selbstprüfung, zu. Um so entschiedener widersetzten sie sich aber meiner Absicht, zu Hermann Schell zu gehen, von welchem nicht lange Zeit vorher das ganze Lebenswerk auf den Index gekommen war. Sie legten mir also nahe, nach Freiburg zu gehen, dessen Fakultät als korrekt galt, und ich tat so.

Freiburg, das nun auch zerstörte, war wunderschön, im Frühling und Sommer ganz besonders. Das – und das endlich gewonnene Bewußtsein auf dem richtigen Wege zu stehen, hätte mir jeden Tag neue Freude geben müssen. Unterdes war aber etwas Seltsames und Schlimmes geschehen. Im selben Maße, als meine Eltern meinem Wunsche, Priester zu werden, nachgaben, wurde ich selbst daran irre, und als ich schließlich in Freiburg war, empfand ich dagegen eine unaussprechliche Abneigung. Der Anblick eines Geistlichen genügte, um einen dunklen Druck auf mich zu werfen. Ich verstand mich selber nicht mehr. Heute weiß ich, was sich in dieser Abneigung ausdrückte, war der Widerstand einer ganz unausgelebten Natur gegen die notwendigen Entsagungen des Priesterstandes. Auch habe ich von Kind auf ein Erbe von Schwermut von der Mutter her in mir getragen. Ein solches Erbe ist an sich nicht schlimm; es ist der Ballast, der dem Schiff seinen Tiefgang gibt. Ich glaube nicht, daß es eine schöpferische Begabung und ein tieferes Verhältnis zum Leben ohne schwermütige Veranlagung gibt. Man kann sie nicht beseitigen, wohl aber sie ins Leben einordnen. Dazu gehört, daß man sie in einem innersten Sinne von Gott her annimmt, und sie in Güte für den anderen Menschen umwandelt. Von alledem wußte ich damals nichts. Die Grundwasser der Schwermut stiegen in mir so hoch, daß ich zu versinken glaubte, und der Gedanke, mit dem Leben Schluß zu machen, mir sehr nahe war. Nur an einer einzigen Stelle fand ich Ruhe; es klingt pathetisch, das zu sagen, aber es war so. Im Freiburger Münster stand der Sakramentsaltar im rechten Seitenschiff: wenn ich auf seine Stufen niederkniete, löste sich der Druck – um sich freilich bald darauf wieder zusammenzuziehen. Wie lange die Depression gedauert hat, weiß ich nicht mehr. In der Erinnerung kommt sie mir endlos vor; wahrscheinlich waren es aber doch nicht mehr als vierzehn Tage. Doch ist es nicht nur die äußere Dauer, die eine Zeit lang macht.

Eines Tages war ich nach St. Odilien gegangen, wo der Quell entspringt, der für die Augen gut ist. Auf dem Rückweg, der schönen Straße, die an der Karthause vorüberführt, betete ich den Rosenkranz. Da löste sich die Not, und ich wurde ruhig. Es war meine erste wirkliche Begegnung mit diesem Gebet, das mich später so viel beschäftigen sollte. Von jener Stunde an habe ich an meinem Priesterberuf nie mehr gezweifelt. Wohl ist die dunkle Flut der Schwermut immer unter meinem Leben hingegangen und mehr als einmal hochgestiegen; aber ich war mir darüber klar, daß ich zum Priester berufen sei und bin es bis auf den heutigen Tag geblieben.

*

Das Studium machte mir Freude. Ich hörte den Dogmatiker Carl Braig, den Kirchenhistoriker Franz Pfeilschifter, den Archäologen August Sauer und andere. Doch blieb ich innerlich unberührt. Jenes Eigenste, von dem her man allein wirklich in Bewegung kommen und schöpferisch werden kann, schlief in mir immer noch.

Damals wurde ich mit zwei holländischen Theologen bekannt, die im Collegium Sapientiae wohnten. (Einer von ihnen, Bernhard Rosenmöller, hat nachher die Theologie aufgegeben und ist heute Professor für Religionsphilosophie in Breslau). Durch sie kam ich mit den damaligen theologischen Fragen in nähere Berührung und empfand den lebhaften Wunsch, mehr darüber zu hören, als das in Freiburg möglich war. So entschloß ich mich, von dort weg und nach Tübingen zu gehen.

Hinzufügen möchte ich noch, daß ich damals wegen gewisser Halsbeschwerden zu dem damaligen Privatdozenten, Dr. v. Eick, ging, und er mir eine Operation an der Nasenscheidewand vorschlug. Ich ging darauf ein; törichterweise, denn sie hat mir nichts geholfen, sondern nur die Nase entstellt.. Zur Genesung lag ich im Universitätskrankenhaus, dessen Pflegerinnen barmherzige Schwestern waren. Damals habe ich zum ersten Mal die Atmosphäre des Klosters kennengelernt. Im Zusammenhang mit der neu gewonnenen inneren Klarheit machte diese Welt ruhiger Ordnung und stillen Dienstes einen tiefen Eindruck auf mich. Späterhin bin ich mit dieser Welt noch öfter in Berührung gekommen, habe auch mancherlei unangenehme Erfahrungen gemacht, zutiefst aber immer eine große Wertschätzung für sie empfunden.

VI

Mein Wunsch, wieder die Universität zu wechseln, wurde sowohl von meinem Vater wie von Pfarrer Dr. S. mit einigem Kopfschütteln aufgenommen, und ich kann es ihnen nicht verdenken. Mein Verhalten mußte auf sie den Eindruck der Unentschlossenheit machen. Ich war leicht beeindruckbar – allerdings nur im Einzelnen, nicht in der Grundrichtung; letzterer wurde ich mir aber nur negativ bewußt, indem mein Wesen sich gegen dieses und jenes auflehnte. Ich trug zahlreichere und widersprechendere Möglichkeiten in mir, als das im allgemeinen der Fall zu sein pflegt, und mußte mir jene Eindeutigkeit, welche Andere von vornherein mitbringen, erst allmählich erwerben. Letzteres konnte aber nur von der Klarheit der Aufgabe her geschehen und die besaß ich noch nicht. Erst nachdem ich im Religiösen Stand gewonnen und meinen Beruf gefunden hatte, begann sich jenes Bewußtsein des Letztlich=Richtigen und Zugewiesenen herauszubilden, das mich dann auch wirklich geleitet hat.. Von ihm her gesehen war der Entschluß, Freiburg zu verlassen, durchaus richtig. Ich hätte dort nicht gefunden, was ich brauchte. Was mich nach Tübingen zog, war die Kunde, der dortige Dogmatikprofessor, Wilhelm Koch, sei ein „moderner Theologe" – und außerdem die Anhänglichkeit an die kleine Stadt, in der ich manche schwierige Stunde durchgemacht hatte, die mir aber ans Herz gewachsen war.. Gegen Tübingen erfolgten keine Einwendungen, denn man wußte nichts von ihm, sonst hätte man sicher noch entschiedener als gegen Würzburg Verwahrung eingelegt. Daß aber mein Vater zustimmte, war ein erneuter Beweis seiner Güte.

So ging ich also im Herbst 1906 dorthin, und die drei Semester, die ich an der schwäbischen Universität verbrachte, waren die glücklichsten und fruchtbarsten meiner ganzen Studienzeit. Schon das war irgendwie symbolisch, daß ich zum ersten Mal ein schönes Zimmer hatte; in der stillen Gartenstraße, bei der alten Schwester eines verstorbenen protestantischen Pastors, die als Zuschuß zu ihrem sicher bescheidenen Einkommen ein Zimmer vermietete. Für die alte Dame war alles Katholische schrecklich, um so mehr, als ihr Neffe, der ebenfalls bei ihr wohnte, protestantische Theologie studierte. Warum sie mich doch genommen hat, weiß ich nicht; jedenfalls sind wir gut miteinander ausgekommen.

In der lieben alten Stadt fühlte ich mich unendlich wohl. Sie hatte damals noch nicht viel Modernisierung erfahren. Die Universität war die Hauptsache in ihr und bestimmte das ganze Leben. Wenn ich mich nicht irre, zählte sie 15000 Einwohner und darauf kamen 1500 Studenten. In den Ferien, wenn „die Herren" fehlten, veränderte das den Zustand so erheblich, daß manche Dinge in den Geschäften nicht mehr zu haben waren. Von der Stiftskirche wurde jeden Tag zu bestimmten Stunden Choral geblasen, und in der Adventszeit zogen im Dunkel des frühen Morgens „die Päuperle", das heißt, die Knaben des Waisenhauses mit Kapuzen und Laternchen von Haus zu Haus und sangen Weihnachtslieder, was ihnen dann zum Fest die Gaben der Leute einbrachte. Bis auf wenige Straßen war die Stadt alt; der Bahnhof lag auf der anderen Seite des Neckar und störte nicht. Die Umgebung Tübingens aber war von einer immer neu berührenden Lieblichkeit. Der Hintergrund der ersten zwei Semester mit ihrer Not machte die Gegenwart um so schöner. Wie manches Mal bin ich abends durch die alten Straßen gegangen, glücklich über jede Biegung und jedes Haus.

In Tübingen bin ich so recht eigentlich innerlich aufgewacht. Das schwäbische Wesen habe ich von Anfang an geliebt und, glaube ich, auch ganz gut verstanden. Die Verbindung von Intelligenz und Gemüt, von Tatkraft und verschwiegener Innerlichkeit, von Ernst und einem lebendigen, manchmal recht derben Humor, hat mir immer wohlgetan.

Bald fand ich Freunde. Vor allem Josef Weiger, der vor kurzem das Beuroner Noviziat verlassen und sein theologisches Studium begonnen hatte, von da ab mein Weggenosse bis zur Stunde. Nach einem Semester kam Karl Neundörfer, der unterdes sein juristisches Staatsexamen gemacht und sich ebenfalls zum Theologiestudium entschlossen hatte. Er, Josef Weiger und ich haben in einer Weise zusammengehört, wie es sich wohl nicht häufig trifft; und warum Karl Neundörfer im Jahre 1925 sterben mußte, habe ich bis zur Stunde nicht verstanden. So verschieden im Temperament, so einig waren wir im Wesentlichen und ergänzten uns daher wunderbar. Zum weiteren Kreise gehörten Hermann Hefele, der Neffe des großen Rottenburger Bischofs, der später infolge der modernistischen Schwierigkeiten das Theologiestudium verließ, Geschichte studierte und schließlich als Professor in Braunsberg starb; Philipp Funk, der den gleichen Weg nahm und dann als Nachfolger von Heinrich Finke in Freiburg Geschichte doziert hat; Josef Heilmann, der nachher nach München ging und dort durch eine publizistische und redaktionelle Tätigkeit bekannt wurde, und andere noch.

Von Professoren hörte ich Ludwig Baur über scholastische Philosophie; Franz Xaver Funk, der während meines Dortseins starb, über Kirchengeschichte; J. E. Belser über neutestamentliche Exegese und J. Vetter über Einleitung ins Alte Testament. Die wichtigste Persönlichkeit aber war Wilhelm Koch, der vor noch nicht langer Zeit als Nachfolger von Paul Schanz die Professur für Dogmatik übernommen hatte. Von ihm muß ich mehr sagen.

Vor allem, daß er es gewesen ist, der mich von der Not der Skrupulosität befreite. Wie ich bereits berichtete, hatte sie mir von Kindheit an zu schaffen gemacht; in der ersten Tübinger Zeit wurde sie unerträglich. Daß meine Nerven lange Zeit so anfällig waren und sich im Grunde genommen nie ganz erholt haben, schreibe ich zu einem guten Teil dieser sinnlosen Selbstverzehrung zu. Sie hängt mit der schwermütigen Veranlagung zusammen und kann, indem sie den Menschen ernst macht, bis zu einem gewissen Grade positiv wirken. Im übrigen zerstört sie nur Urteil und Kraft, ganz abgesehen von der Gefahr eines inneren Kurzschlusses, der den Ängstlichen ins

Gegenteil treibt, so daß er alle Hemmungen abwirft.. Nun hatte Koch die Gewohnheit, bei einer beschränkten Anzahl von Studenten die Beichte zu hören. Wir – Karl Neundörfer, Josef Weiger und ich – baten ihn um diese Gunst, und er nahm uns an. Die Beichte vollzog sich bei ihm folgendermaßen: Man kam zu einer bestimmten Stunde, und er ging mit einem im Zimmer auf und ab; ließ einen alles erzählen, was man auf dem Herzen hatte, Wissenschaftliches und Praktisches, Religiöses und Moralisches, wie es kam, und sagte, was er darüber dachte. Dann nahm er die Stola um, ließ das Tatsächliche kurz zusammenfassen und gab die Lossprechung. Damals habe ich erfahren, welche wunderbare Lebensmacht das Sakrament der Buße ist, wenn es richtig verwaltet wird. Ich lernte, meinen Ängstlichkeiten gegenüber Stand zu gewinnen, Unwichtiges von Wichtigem zu unterscheiden und die eigentlichen Aufgaben der charakterlichen und religiösen Bildung zu sehen. Wie originell Koch war, beweist ein Rat, den er uns gab. Wir hatten, wie das ja nicht anders sein kann, mit dem Problem des Geschlechtlichen zu tun, und er sah, mit wieviel Unklarheiten es belastet war. So schickte er einen von uns zu einem Professor der Psychiatrie, er möge so freundlich sein und uns ein gutes Buch über die sexuellen Dinge nennen. Die Sache war ein wenig riskant, denn „Herr Kollege G." war wohl alles andere als christlich; so hat er uns denn auch „Die sexuelle Frage" von Forel empfohlen. Das Buch behandelte aber die Dinge mit einer solchen Ungeniertheit und Ausführlichkeit, daß es seinen Dienst aufs beste tat. Um so mehr, als wir es zusammen laut lasen, und dadurch die ganze Angelegenheit gründlich entzaubert wurde.. Dieses innere Freiwerden hat mitgewirkt, die Tübinger Semester so von Grund auf gut zu machen. Natürlich will ich damit nicht sagen, die Ängstlichkeit sei ganz verschwunden. Wo sie wirklich vom Wesen her da ist, läuft sie immer als Möglichkeit unter der Oberfläche weiter. Aber ich habe einen Stand gewonnen und bin fähig geworden, zu urteilen und zu unterscheiden. Das ist mehr, als einer, der es von vornherein kann, je zu empfinden vermag.

Noch wichtiger aber wurden für mich Wilhelm Kochs Vorlesungen. Seine beste Kraft waren Ehrlichkeit und Gewissenhaftigkeit. Er war kein großer Theologe, dazu fehlte ihm der Blick ins Wesentliche und die Kraft der Synthese; aber die Wahrheit war ihm in einer Weise ernst, daß man fühlte, sie wurde bei ihm zum Charakter.

Damals war die Zeit des sogenannten Modernismus. Überall regte sich der Drang, die Ergebnisse der neuzeitlichen Forschung in der Theologie anzuwenden und so aus einem weithin erstarrten autoritär=scholastischen Gedankenwesen herauszukommen. Überall empfand man Fragen erkenntnistheoretischer, geschichtlicher, ethischer Art. Zugleich zeigte sich aber auch der Einfluß der liberalen Geisteshaltung, und agnostische, relativistische, psychologistische Tendenzen wurden mancherorts zur Gefahr für Glaube und Theologie. In diese Unruhe kamen 1907 die päpstlichen Äußerungen der Encyclica „Pascendi Domini gregis" und des sogenannten Syllabus. Sie enthielten eine Fülle von Verurteilungen und brachten den von den Fragen Ergriffenen in eine große Not.

Auch unter den Lebendigeren der Studenten war das der Fall; die Bedeutung von Wilhelm Kochs Dogmatikkolleg aber bestand für sie darin, daß er das, was in ihrem Geiste arbeitete, und was andere durch das Gewicht der Autorität erdrückten, oder durch das Pathos der Bedingungslosigkeit des Glaubens einschüchterten, offen und ehrlich auf dem Katheder zu Worte brachte. Das machte frei.

Hinzu kam, daß er vom Priesterseminar in Rottenburg, genauer dem dortigen Regens R., bekämpft wurde und zwar – die so häufige Sünde der Orthodoxie! – in einer nicht sehr hochstehenden Weise. So war er für uns ein Mann, welcher der Wahrheit Zeugnis gab, ein Kämpfer, um den sich ein Verhängnis zusammenzog, und wir standen mit ganzem Herzen zu ihm.. Dabei war er oft ungeschickt in seiner Ausdrucksweise; und bekannte seine Schwierigkeiten und Zweifel auch dort, wo es weder nötig noch angebracht war. Noch steht es mir vor Augen, wie er nach dem Erscheinen des Syllabus auf dem Katheder stand, und seinen Hörern – unter denen zum Teil ganz unreife Leute, dazu aber auch bestellte Beobachter saßen – Rechenschaft gab, worin er sich durch den päpstlichen Erlaß getroffen fühlte! Wie manches Mal haben wir dagesessen und uns um ihn gesorgt!

Sicher war manches an dem, was er sagte, falsch und vieles fehl am Platz, sicher hat er auch Manchem Unruhe gebracht; anderen aber hat er durch seine Ehrlichkeit den Geist gereinigt und das Urteil selbständig gemacht.. Ein tieferer Mangel war, daß er fast nur das geschichtlich=biblische Faktum sah, ihm aber die Kraft fehlte, in das Wesen einzudringen und den Reichtum der Zusammenhänge aufzuschließen. Bei ihm kam es über das, was man positive Theologie nennt, nicht viel hinaus. Dafür war er, soviel ich weiß, der Erste, der nach dem Lebenswert der Dogmen fragte; unzulänglich zwar, auf eine kurzatmige Brauchbarkeit hin, aber er tat es.. In Wilhelm Kochs Wesen war eine gewisse Kärglichkeit. Überall fühlte man einen aufopfernden Fleiß, eine große Gewissenhaftigkeit, ein Verlangen, an das zu kommen, was wirklich ist; ihm ging aber alle theologische Größe ab. Er hatte zu viel Respekt vor der „Wissenschaft", wie sie damals aufgefaßt wurde; dafür zu wenig Bewußtsein von der Offenbarung als gebender Tatsache und Kraft, von ihr aus mit Zuversicht jenes Bild der neuen Schöpfung aufzubauen, welches Theologie heißt. So war das Endergebnis seiner Vorlesungen doch unbefriedigend, und mancher Hörer hat sie wohl mit dem Gefühl verlassen, Koch habe ihn aus der ruhigen Sicherheit des Herkömmlichen herausgerissen, ohne ihm dafür etwas Entsprechendes zu geben.

Uns drei Freunden ging es dabei eigentümlich. Wir erfuhren die freimachende Wirkung von Wilhelm Kochs Wahrheitsernst, liebten und verteidigten ihn, wo wir nur konnten, haben uns aber doch innerlich von ihm gelöst. Josef Weiger kam aus einer gläubigen Familie von alter katholischer Tradition. Dann war er Novize in Beuron gewesen und hatte die Haltung des benediktinischen Wesens in sich aufgenommen. Er hatte wohl gegen die Unfreiheit und Geistlosigkeit des Herkömmlichen opponiert, und die Art, wie Koch fragte und sprach, war für ihn eine Weiterführung der befreienden Wirkung Beurons; er dachte aber nicht daran, die religiöse Tiefe und autoritäre Kraft der Tradition loszulassen. Karl Neundörfer wollte in allem klare Bahn, daher war ihm jede Bemühung willkommen, die Falsches wegräumte und Verkehrtes in Ordnung brachte. Er hatte aber erlebt, was Kirche heißt. Er konnte sie nicht, worauf es bei Koch doch wohl hinauskam, als Grenze und Einschränkung empfinden, sondern sie stand für ihn im Mittelpunkt. Was mich endlich angeht, so hatte ich nach vielem Suchen und Versuchen die Tatsache der objektiven Wahrheit und die Möglichkeit eines Existierens aus ihr heraus entdeckt. Ich war mir klar: wenn katholischer Christ, dann ganz und ohne jeden Abstrich, oder aber gar nicht. So empfand ich Kochs Denken wie reine Luft und klaren Raum; es machte ernst und lehrte, sich anzustrengen, aber für sich allein war es einfach zu wenig.

Wir erfuhren dankbar die Befreiung, welche der Wahrheitsernst unseres Lehrers bewirkte. Wir wurden uns der Pflicht der Kritik bewußt, die eben aus diesem Wahrheitswillen kam. Erkannten aber auch, daß sie bei Koch an der weniger wichtigen Stelle da war, an der wichtigeren aber fehlte. Es war gewiß wichtig, geschichtliche, textkritische, psychologische Fragen zu stellen, um das Richtige vom Falschen zu scheiden; die Hauptaufgabe der theologischen Kritik bestand aber darin, das Wesen der gläubig=theologischen Erkenntnis von dem der anderen Erkenntnis- und Wissenschaftsformen zu unterscheiden; sie in ihre Quelle zu fundieren, ihre Maßstäbe festzustellen und aus ihrem Wesen alle Konsequenzen zu ziehen. Wir entdeckten – das Wort im Sinne eines der Tragweite der Sache bewußten ersten Sehens genommen – die Offenbarung als das „gebende Faktum" der theologischen Erkenntnis, die Kirche als ihre Trägerin und das Dogma als die Ordnung des theologischen Denkens. Sicher hat dabei der Unterschied der Generationen mitgewirkt. Wir waren dezidiert nicht=liberal. Wir nahmen gerade das, was die liberale Haltung als Beunruhigung und Fessel empfunden hatte, zur Basis des Denkens und machten die Erfahrung, daß sich uns erst durch diese „kopernikanische Wendung" des gläubigen Geistes die Tiefe und Fülle der heiligen Wahrheit erschloß; uns aber außerdem ein Blick auf die Weite und Wirklichkeit der Welt hinzugeschenkt wurde, wie ihn die liberale Haltung mit ihrem beständigen Hinüberschielen zur profanen Wissenschaft und ihrer verbitterten Opposition gegen die kirchliche Autorität nicht hatte.

Wäre ich mir allein überlassen gewesen, dann hätte das Erlebnis zuerst meiner Ratlosigkeit und dann jener Bekehrung des Denkens mich wahrscheinlich zum Fanatiker gemacht. Wilhelm Koch – und meine beiden Freunde – bewahrten mich davor und halfen mir, die Unbedingtheit des gläubigen Denkens mit dem unbefangenen Blick auf die Wirklichkeit der Dinge und den Reichtum der Kultur ins Verhältnis zu bringen.

In den drei Tübinger Semestern gewann ich das, wonach ich bisher vergeblich gesucht hatte: den klaren Ausgangspunkt des Denkens und zugleich die Unabsehlichkeit seiner Aufgabe; eine Atmosphäre und Ordnung, eine „Welt", in welcher das, was in mir schöpferisch werden wollte, sich entfalten konnte. Damals wurden die Grundlagen von alledem gelegt, was nachher kam und immer noch weitergeht.

Hinzufügen möchte ich, daß mir damals der Sinn für das Geschichtliche vollkommen fehlte. Für mich gab es nur die

Idee, das Prinzip, die Entwicklung des Wesenszusammenhangs. Auf das, was nicht sein muß, aber ist und in seiner Wirklichkeit die Dignität des Unwiderruflichen und Entscheidenden trägt, hätte ich unbedenklich das Wort von Charles Maurras angewendet, das ich nachher einmal hörte: „Il n'y a rien de plus méprisable qu'un fait". Allerdings sah ich das große Faktum Kirche, aber in einer Weise und mit einem Charakter, von dem ich in einem anderen Zusammenhang noch werde sprechen müssen. Die Wirklichkeit Christi und mit ihr alles, was geschichtlich=christliches Dasein heißt, sollte mir erst später aufgehen. Das aber war nur eine Frage der Zeit; die Bahn dahin war frei.

*

Noch etwas gehört in die Tübinger Zeit: Kloster Beuron. Josef Weiger war ja von dort hergekommen und erzählte mir von dem Leben in der klösterlichen Gemeinschaft; von all dem Originellen und Kraftvollen, das mitten in jener strengen Zucht aufwuchs; von der Beuroner Kunst, die damals in ihrer Blüte stand und vor allem von der Beuroner Liturgie.

Mein erster Besuch dort ist mir tief in Erinnerung. Es war Abend; wir gingen vom Bahnhof gleich ins Kloster und bekamen, was damals den Aufenthalt im Kloster noch so warm und lebendig machte, unsere Zimmer nicht in dem noch nicht existierenden Gastflügel, sondern im Claustrum selbst. In ihrer Einfachheit sehr wohnliche Räume, mit viel braunem Holz und einem unbeschreiblichen Etwas, welches machte, daß man sich zutiefst wohl fühlte. Dann erhielten wir etwas zu essen, und gingen darauf in die Complet. Die Kirche war schon dunkel, nur wenige Lichter im Chor. Die Mönche standen an ihren Plätzen und beteten die schönen Psalmen der damals immer gleichlautenden Complet auswendig. Durch die ganze Kirche waltete ein Geheimnis, heilig und bergend zugleich.

Später habe ich dann gesehen, daß die Liturgie viel Mächtigeres und Herrlicheres hat; aber zu Anfang führt die Tür der Complet inniger in das Herz ihrer heiligen Welt hinein, als die Pforten der großen liturgischen Handlungen.

Dann kamen dazu das Hochamt und die übrigen Tagzeiten. Durch Wilhelm Schleußner hatte ich manches von der deutschen Mystik kennengelernt und liebte sie; doch habe ich immer gedacht, es müsse noch eine andere Mystik geben, in welcher die Innigkeit des Geheimnisses mit der Größe der objektiven Gestalten verbunden sei. In Beuron und seiner Liturgie habe ich sie gefunden.

Damals schrieb man das Jahr 1907, und die liturgische Bewegung hatte nur erst kleine Kreise gezogen. Aus den Gesprächen mit Josef Weiger aber und von den Tagen in Beuron her hatte ich schon manches von dem begriffen, worum es in ihr ging und das Faktum des Liturgischen tief in meine theologischen Gedankengänge aufgenommen. Worum meine Gedanken immer wieder kreisten, war die Kirche, die geheimnisvolle Wirklichkeit, die so tief in der Geschichte steht und doch Garantin des Ewigen ist; allen Differenzierungen des Menschlichen ausgesetzt und doch in einer Weise ganz und heil, daß es den einsichtigen Betrachter mit dem Bewußtsein des Wunders erfüllt. Und nun meinten Karl Neundörfer und ich, das Leben der Kirche müsse vor allem von zwei Seiten her faßbar sein: der soziologisch=juridischen, als der Gemeinschaft des Handelns und Kämpfens – und der liturgischen, als der Einheit des kontemplativen, schauenden, betenden Tuns. Durch beide hindurch ziehe sich der dritte Aspekt der Kirche als Wahrerin der durch menschliches Wollen und Nichtwollen immerfort gefährdeten göttlichen Wahrheit. Damals haben wir den Plan gefaßt, wir wollten später einmal darstellen, was „Kirche" heißt: er sollte es von der Seite des kanonischen Rechtes her tun, in einem Buch von der Art wie Rudolf v. Jherings „Geist des römischen Rechts", ich von der Liturgie her, als Quelle und Gestalt kontemplativen Lebens. Daraus ist bei mir zwar nicht die geplante große „Theologie der Liturgie", aber doch manche Schrift, wie die „Vom Geist der Liturgie", die „Liturgische Bildung" und anderes mehr entstanden.

VII

Nachdem ich vier Semester Theologie an der Universität studiert hatte, war es Zeit, ins Mainzer Seminar einzutreten.

In der letzten Zeit hatte ich aber mit allerhand Nervenbeschwerden zu tun gehabt; die inneren Vorgänge der letzten Jahre waren eben doch nicht wirkungslos geblieben. Ich ließ mich untersuchen und erhielt den Rat, auszuspannen. Mein Vater ließ den Gedanken, ein junger Mensch könne einer Erholung bedürfen, nicht zu, doch vermutete er bei mir den Wunsch, meinen Priesterberuf noch einmal zu prüfen, und war damit einverstanden. Ich ging also nach dem kleinen Ort Schmitten im Taunus und lebte dort einige Monate für mich allein in den schönen Tälern und Wäldern. Mein Tagebuch aus jener Zeit könnte von einem guten und glücklichen, wenn auch von mancherlei Unerfüllbarkeit heimgesuchten Leben erzählen. Ich habe es aber vor einigen Jahren mit allen übrigen Aufzeichnungen dieser Art verbrannt.

Im Herbst trat ich dann in das Mainzer Priesterseminar ein.

*

Ich habe oft darüber nachgedacht, wie schön eine solche Institution sein könnte. Sie wäre etwas ganz anderes, als die Universität. Dieser fehlt die Eindeutigkeit der letzten Stellungnahmen, und von dorther kommt in alles eine innerste Ratlosigkeit und Schwäche; die Welt des Seminars ruht auf der heiligen Wahrheit, ihrer Eindeutigkeit und Kraft. Die Universität ist selbst sehr groß und steht im allgemeinen Raum der Stadt, so fehlt die letzte Einheit und Formkraft der

Atmosphäre; das Seminar ist kleiner, bildet aber dafür eine lebendige Einheit, eine „Welt". Wissenschaft, religiöses Leben, sittliche Erziehung, menschliche Gemeinschaft verbinden sich, und es erwächst, was zu den stärksten bildenden Mächten gehört: eine traditionsverwurzelte, formende Gesamtgestalt.. Die Seminaristen sind junge Menschen; in der Regel mit sich selbst darüber klar, was sie wollen und bereit, sich der höchsten Aufgabe zu widmen.. Im Seminar ist der Spiritual; ein Priester, der sie lehrt, an sich zu arbeiten, zu beten, Gott näher zu kommen. Die alte Tradition der Kirche bietet ihm Weisheit; sein Gefühl für das, was die christliche Persönlichkeit ist, lehrt ihn, sie zu sittlicher Selbständigkeit, echter religiöser Erfahrung, mit einem Wort, zur christlichen Freiheit zu führen.. Eine Zahl von Männern, ihre Lehrer, lehren sie philosophieren, das heißt nach dem Wesen der Dinge zu fragen und jene alles übrige tragende Ur=Macht zu erfahren, welche Wahrheit heißt. Sie lehren ihren Geist jene entscheidende Wendung zu vollziehen, in welcher dieser von der Offenbarung her zu denken lernt und fähig wird, in ihrer Klarheit die Dinge der Welt und des Lebens richtig zu sehen, so daß christliches Bewußtsein entsteht. Die Professoren zeigen ihnen, wie man arbeitet, führen sie zu den Problemen, befähigen sie zum eigenen Urteil, und lehren sie zugleich, was nur der Glaube kann, nämlich Fragen, die man selbst nicht lösen kann, ruhig zu tragen.. Schließlich ist da das Haupt des Ganzen, der Regens, der dieses ganze Reich jungen Lebens in der Ordnung hält, nicht um etwas zu ersticken, sondern um alles zur besseren Entfaltung zu führen. Er kennt jeden Einzelnen, verfolgt seine Entwicklung und ist bereit, einzugreifen, wenn es nötig ist. Sein Helfer ist der Subregens; jünger, so daß er zu den Studenten noch lebendige Beziehungen hat; andererseits über sie hinausgewachsen, so daß er eine Vermittlung zwischen ihnen und dem Regens bilden kann. Hinter dem Ganzen schließlich steht der Bischof, der das Seminar als die „Pflanzschule" des Priestertums liebt, öfter hineinkommt, mit den Einzelnen spricht und ihnen das Gefühl gibt, daß sie in die lebendige Einheit der Kirche hineinwachsen.

In allem ist eine klare und entschiedene Ordnung; eine Autorität, die Gehorsam verlangt und verdient, weil sie aus der Vollmacht der Kirche her redet. Sie ist aber selbst darauf bedacht, die jungen Menschen zu Persönlichkeiten zu machen, sie zur Selbständigkeit des Urteils und der Sicherheit des Handelns zu führen. Die Ordnung des kleinen Gemeinwesens ist an vielen Stellen ihnen selbst in die Hand gegeben, damit sie fähig werden, Verantwortung zu tragen und mit Menschen umzugehen.. Wohl müssen von den jungen Theologen immer wieder Opfer verlangt werden, denn sie sollen ja zu Priestern werden, und der Priester ist nicht für sich, sondern für die Sache Gottes und für die Menschen da. Aber das Seminar ist kein Kloster; die in ihm aufwachsen, sollen später in der Welt stehen. Sie sollen fähig werden, das Wertvolle der Welt zu sehen und zu schätzen, damit sie ihr nicht mit einem Ressentiment gegenüberstehen, das ihr Lehren und Handeln vergiften würde. Sie sollen das Gefühl für Qualität bekommen, damit es auch in ihrer christlichen Verkündigung wirksam sei. Später werden sie viel arbeiten müssen und einer Bereicherung des Geistes bedürfen, oder aber auf stillem Posten sitzen, wo die Gefahr der Verödung droht: in beiden Fällen müssen sie den Zugang zur edlen Kultur kennen und aus ihren Schätzen schöpfen können.

So müssen die Männer, welche sie führen, die besten sein, die zu finden sind. Daher darf nicht jede Diözese ein Seminar haben, weil dann die Auswahl zu gering und das ganze Gesichtsfeld zu klein ist, sondern mehrere müssen gemeinsam eines aufbauen, dessen Möglichkeiten der Aufgabe entsprechen. Nach dem Abschluß des Studiums und der Weihen kehren dann die Einzelnen in ihre Diözesen zurück und leben dort in der Form eines kleinen Kollegiums noch eine Weile unter entsprechender Leitung weiter, um so in die besonderen Traditionen und Erfordernisse ihrer Diözese hineinzuwachsen.. Zugleich steht das Seminar mit den Universitäten in Verkehr, ist vielleicht mit einer unter ihnen besonders befreundet. Immer wieder werden, sei es im Laufe des Studiums selbst, sei es nach seinem Abschluß, Einzelne auf die Universität geschickt, damit so die beiden Grundformen geistlicher Bildung in lebendiger Beziehung bleiben ...

Das alles klingt vielleicht utopisch – ist es aber, glaube ich, doch nicht. Und wenn selbst, „Utopien" sind im Gang der Menschengeschichte die wirksamsten Mächte gewesen, denn sie formulieren jene Formen der Vollkommenheit, die der Mensch für erstrebenswert hält. Ich könnte mir denken, daß ein solches Bild vom Seminar noch einmal recht aktuell würde.. In Mainz war jedenfalls von dergleichen wenig zu spüren. Es sind nun fünfunddreißig Jahre her, seit ich es verlassen habe, und sicher ist vieles anders geworden; was ich sage, bezieht sich also nicht auf seinen jetzigen Zustand, den ich nicht kenne. Die Vorlesungen hielten sich ganz im Konventionellen. Von einer Heranbildung zu eigenem Urteil und lebendiger Verantwortungsfähigkeit war keine Rede; Autorität und Gehorsam waren nicht nur die Grundlage, sondern das Ganze. Wie es dann nicht anders sein kann, ruhte die Erziehung auf einem System des Mißtrauens und der Beaufsichtigung, das bis ins Einzelne ging.

Damit soll das Schöne, das in einer solchen Gemeinschaft aufwachsen muß, das innere Leben, das Gebet, die mannigfachen Überwindungen samt allem, was daraus an Freudigkeit hervorgeht u.s.f. ganz gewiß nicht übersehen sein. Ich selbst habe manche gute, Innerstes in Bewegung bringende Stunde im Seminar gehabt. Im allgemeinen aber lag es als Druck auf mir. Es ist nicht zufällig, daß ich dort magenleidend geworden und es von da ab durch mein ganzes Leben geblieben bin.. Ein Erlebnis bleibt mir unauslöschlich in Erinnerung. Aus meiner ganzen Entwicklung und besonders aus den Tübinger Erfahrungen heraus hatte ich allerlei Kritik geübt. Davon war sicher Vieles unnötig und Manches ungerecht; aber schließlich steht die Weisheit ja nicht am Anfang, sondern am Ende. Doch hatte ich diese Kritik nur einem Studiengenossen gegenüber ausgesprochen, zu dem ich Vertrauen hatte. Und nun mußte ich erleben, daß er das, was ich ihm gesagt hatte, dem Spiritual unterbreitete; daß dieser die Sache an den Regens weiterleitete, ich eines Tages von letzterem zur Verantwortung gezogen wurde und um ein Haar von den Weihen ausgeschlossen worden wäre. Der mich anzeigte, hat es nicht getan, um mir zu schaden, noch viel weniger, um sich einen Vorteil zu verschaffen, sondern weil er sich dazu verpflichtet glaubte, und sicher mit innerem Widerstreben. Aber das Ganze beweist eine solche Nichtachtung des Vertrauens und der Freundschaft, einen solchen Mangel an aufrechtem, offenem, geradem Wesen, daß ich noch jetzt, nach fünfunddreißig Jahren, nicht darüber hinwegkomme. Es war aber kein vereinzelter Fall, sondern symptomatisch für den Geist und die Methode der ganzen Erziehung.

Was mich angeht, so habe ich daraus manches gelernt, hätte aber auch jedes Vertrauen verlieren und aus meinem Beruf herausgeworfen werden können. Daß das nicht geschah, verdanke ich einmal der Tatsache, daß mein Freund Karl Neundörfer das gleiche Schicksal teilte; dann aber dem Verständnis, der Erfahrung und Geduld, die Herr und Frau Schleußner mir während der Zeit erwiesen. So ging die Sache ohne Katastrophe vorüber. Wir haben zwar die Weihen zur Strafe ein halbes Jahr später bekommen, bekamen sie aber, und wurden am ..... Mai 1910 zu Priestern geweiht.

Ein günstiger Umstand erlaubte mir, die erste heilige Messe ganz still zu halten. Karl Neundörfer und ich gehörten in Mainz der gleichen Pfarrei an; daß er die Primiz in aller Feierlichkeit begehen wollte, bewog den Pfarrer, mich freizugeben, andernfalls hätte er sich das Ereignis nicht entgehen lassen. Meine Eltern, besonders meine Mutter, waren solchen Dingen abgeneigt. Nachdem sie sich mit meinem Priesterberuf ausgesöhnt hatten und seiner froh zu werden begannen, hätte es mir leid getan, ihnen eine Veröffentlichung des Religiösen zuzumuten, die ihrem Gefühl zuwider gewesen wäre.

So las ich meine erste heilige Messe in der Kapelle der Franziskanerinnen. Mit ihnen – wahrhaft armen Töchtern des heiligen Franziskus – hatte unsere Familie immer gute Beziehungen. Besonders an eine erinnere ich mich, die Jahr um Jahr mit ihrer Betteltasche zu uns kam, und mit der die Mutter, welche allen geistlichen Persönlichkeiten gegenüber sehr zurückhaltend war, über manche Dinge gesprochen hat, über die sie sonst nicht gesprochen hätte. So war die Feier schlicht und schön. Der Kelch, den ich damals zum erstenmal brauchte und den ich noch heute besitze, haben mir die Eltern geschenkt. Es war ein Beuroner Entwurf, und bildete eine ständige Erinnerung an den Ort, wo mir das Wesen des Liturgischen zum erstenmal klar geworden war.

Eine große Freude haben an dem Tage auch jene beiden Menschen gehabt, die mir fast so etwas wie geistige Eltern gewesen waren, nämlich Herr und Frau Schleußner. Sie haben das Ereignis als Krönung von viel Geduld und Sorge empfunden, die sie im Laufe mancher Jahre um mich hatten. Viel schöne Möglichkeiten sind versunken, als Frau Schleußner drei Jahre nachher, am 15. Juni 1913 starb.

VIII

Wir bekamen noch einen kleinen Urlaub und darauf unsere erste Anstellung. Bei mir bestand noch ein Hindernis. Ich war italienischer Staatsbürger und konnte daher keinen Religionsunterricht in der Schule geben, weil dieser das Beamtenverhältnis voraussetzte. Für meinen Vater war der Gedanke, ich könne die italienische Staatsgemeinschaft verlassen, kaum faßlich, und er zögerte immer noch mit den nötigen Maßnah-

94

men, vielleicht in der Hoffnung, es ließe sich eine Form finden, welche diesen Schritt vermiede. Schließlich mußte er
aber doch sehen, daß es nicht anders ging, und die Naturalisa-
tion wurde im folgenden Jahre vollzogen.

*

Meine erste, noch ganz provisorische Anstellung bekam ich
in Darmstadt, und zwar an dem von Schwestern geleiteten
Krankenhaus in der Nieder-Ramstädterstraße. Ich hatte dort
nicht viel zu tun und konnte manches für mich arbeiten.

Nach einigen Monaten wurde ich als Kaplan nach Heppenheim an der Bergstraße versetzt. An das freundliche Städt-
chen habe ich sehr liebe Erinnerungen – und ebenso an den alten Dekan, der seinen beiden Kaplänen wirklich so etwas wie
ein Vater war. Er gönnte uns alles Gute, ließ uns nach Kräften
arbeiten und war jederzeit zu Rat und Hilfe bereit. Auch an
die Haushälterin, Fräulein Anna, denke ich gern zurück, die
in jeder Weise für uns sorgte, freilich auch in ihrer Schlicht-
heit ein Mensch war, vor dem man sofort Respekt hatte.

In Heppenheim blieb ich ein Jahr; dann wurde ich als zweiter Kaplan an den Wormser Dom berufen. Dort waren die
Verhältnisse größer, und alles anstrengender. Auch hatte ich
in Heppenheim noch nicht zur Schule gehen können, was nun
der Fall war und eine neue Aufgabe bildete.. Der schöne
Dom war eine immer neue Freude. Das Pfarrhaus hatte etwas
Kühles, aber man fühlte sich dort wohl. Der Propst war
kränklich, sodaß die Hauptarbeit auf uns lag. Ich hatte ihn
gern, und er mich, glaube ich, auch. Ich habe auch manches
Wort mit ihm wechseln können und bewahre ihm ein freundli-
ches Andenken.

*

Und nun will ich sagen, wie ich mit der Seelsorge fertig wurde, und welche Möglichkeiten und Grenzen ich in dieser Beziehung in mir fand.

Von Anfang an ist mir die heilige Messe als Mittelpunkt erschienen. So habe ich mich immer bemüht, sie sorgfältig zu lesen. Man hat mir wohl hin und wieder gesagt, ich brauche zu lange; darauf habe ich aber geantwortet, was ich auch heute antworten würde: daß es auch für die Gemeinde kein Nutzen wäre, wenn der Vollzug der heiligen Messe mir nichts mehr sagte, dahin würde es aber kommen, wenn ich mich eilen müßte.. Das eigentlich Liturgische, das heißt die Erkenntnis der verschiedenen Wesensgestalten des Kultes und die Bemühung, sie möglichst klar sichtbar zu machen sowie die Gemeinde in ihren Vollzug hineinzuziehen, fehlte damals in Mainz vollkommen. Trotz Beuron war ich hier anfangs noch ganz ratlos; erst in Rothenfels wurden mir die Wege zur praktischen Verwirklichung deutlich. Zum Schlimmsten in dieser Beziehung gehörte die Verpflichtung, die ich später in St. Christoph und St. Ignaz in Mainz, zusammen etwa zwei Jahre lang, auf mich nehmen mußte, nämlich jeden Tag vor ausgesetztem Allerheiligsten zu zelebrieren, während bei den Gläubigen der Rosenkranz gebetet wurde. Die Sinnlosigkeit dieses Vorgangs war unerträglich, und ich habe einen inneren Schaden nur dadurch vermeiden können, daß ich mich dagegen unempfindlich machte.

Was mich unmittelbar am stärksten in Anspruch nahm, war das Predigen. Mehrere Jahre lang habe ich jede Predigt wörtlich geschrieben und auswendig gelernt. Das war eine gute Übung, die mich gelehrt hat, das Wort genau zu nehmen.. Mit meiner Veranlagung waren einige Eigentümlichkeiten verbunden, welche Vorteile, aber auch Nachteile brachten. Vor allem, daß ich für jede Predigt einen Entzündungspunkt brauche, eine Frage, die mich anrührt. Erst von dorther entwickelt sich das Ganze. Das bewirkt eine Spannung, die auch den Hörer erfaßt; bringt aber auch die Gefahr mit sich, daß das Fragen und Denken die Oberhand bekommt, und das Ganze zu theoretisch wird. Und zwar mein persönliches Fragen und Denken. Natürlich habe ich bei der Wahl des Themas und bei der inneren Entwicklung desselben an die Gemeinde und an das, was mir durch die Zeit des Kirchenjahres oder sonst einen Gesichtspunkt nahegelegt war, gedacht; im Letzten waren es aber doch meine Fragen, die mich leiteten. Das brachte die Gefahr mit sich, an die Hörer etwas heranzubringen, was ihnen fremd war, sie wenigstens nicht lebendig anging.. Eine andere Besonderheit war das sich immer stärker entwickelnde künstlerische Element. Nicht daß ich mich um „schöne" Sprache, feierliche Einleitungen und kunstgerechte Entwicklungen bemüht hatte; das war nie der Fall. Auf der Kanzel muß man die gleiche Sprache sprechen wie im Leben, nämlich die eigene. Ihre Schule besteht darin, daß man immer etwas sagt, und dieses Etwas genau; dann wird sie von selbst gut. Nein, mit dem künstlerischen Element meine ich, daß es mir bei jeder Predigt um eine Gestalt geht, die herauskommen muß, und daß jener Entzündungspunkt, von dem ich sprach, zugleich der Ursprungspunkt dieser Gestalt ist. Infolgedessen ist jede Predigt, wenn auch im bescheidensten Maße, eine Schöpfung. Wenn sie gelingt, ist sie mehr, wenn aber nicht, dann ist sie weniger als eine einfache Darstellung. So war ich oft im Zweifel, ob meine Art des Predigens das sei, was die reguläre Gemeinde braucht: das tägliche Brot der Wahrheit, hineingegeben in ihr Dasein, wie es wirklich ist. Jedenfalls konnte ich aber nicht anders, und die Führung meines Lebens hat mir ja auch die Möglichkeit gewährt, mit meiner Art am rechten Platz zu sein.

Ein schwieriges Kapitel war für mich die Schule. Man hat mir gesagt, ich könne die schwersten Dinge so aufschließen, daß sie durchsichtig würden – ich kann es aber eigentlich nur bei solchen, die wirklich „schwer" sind, das heißt, in denen ein Problem steckt. Beim Kinde geht es aber um anderes, nämlich darum, die heilige Wahrheit in Kontakt mit dem wachsenden kindlichen Geiste zu bringen. Ich habe aber das Kind nie verstanden. Für mich tritt der junge Mensch erst in der Zeit der Reifejahre ins Blickfeld, und auch da erst, wenn er eine gewisse Bildung hat. Das ist, vom priesterlichen Gesichtspunkt aus gesehen, ein großer Mangel, aber ich kann es nicht ändern.. Schwierig war für mich auch immer die Frage der Disziplin. Wie die Pädagogik in unseren Schulen nun einmal war, ruhte letztlich alles auf Befehl und Gehorsam, ich aber habe nie wirksam befehlen können. Wohl konnte ich Einfluß gewinnen; die Arbeit in der Mainzer „Juventus" sowohl wie in Rothenfels haben mir das bewiesen. Da war wohl auch Autorität, aber indirekte, und ihre Kraft war Vertrauen und Freiwilligkeit. Wo ich mich nicht auf diese stützen konnte, war ich ohnmächtig.

Eine besondere Schwierigkeit waren für mich die Vereine. Jünglings=, Gesellen=, Arbeitervereine – mit ihnen allen habe ich einfach nichts anzufangen gewußt, und sie ebensowenig mit mir. Viele Geistliche stehen bei allen Beschwerden im Einzelnen gern und eifrig in der Vereinsarbeit; ich vermute aber, das Zusammensein mit den Leuten spricht sie unmittelbar an, und die Aufführung der üblichen Vereinsstücke macht ihnen selber Freude. Ich mußte mich zu allem zwingen; so wurde es auch entsprechend.

Zusammenfassend muß ich sagen, daß ich die menschliche Beziehung, welche der Seelsorger mit seiner Gemeinde haben muß, nicht fand. Dabei war ich immer überzeugt, daß er die eigentliche Form des Priestertums sei. Ich habe aber zum Volk, zur Weise seines Denkens und zur Form seiner Interessen nie richtig hingefunden.

Ich glaube, es gibt verschiedene Grundformen priesterlicher Haltung und Wirksamkeit. Wenn ich von jenem absehe, der sich bei uns vielleicht mehr im Orden findet, und dessen Schwerpunkt ganz in den heiligen Handlungen und im Gebet für das Heil der Menschen liegt, sehe ich da vor allem zwei.

Den ersten möchte ich den väterlichen Priester nennen. Er geht ganz vom Bewußtsein des priesterlichen Amtes aus. In ihm ist jenes Bewußtsein, das in einem Paulus so stark gewesen ist: durch Wort und Sakrament eine geistliche Zeugung auszuüben; seine Kinder zu nähren, zu schützen und zu leiten. Eine sehr schöne, vielleicht die ursprünglichste Form des Priestertums; ich habe sie aber nie realisieren können. Ich habe vielmehr – ohne von irgendwelchen Prinzipien auszugehen, einfach in meiner unwillkürlichen Haltung zu den seelsorglichen Aufgaben – den Typus des brüderlichen Priesters gefunden, der nicht vom Amt ausgeht, sondern es als Kraft in sich trägt; nicht als Träger der Autorität den Gläubigen gegenübersteht, sondern neben sie tritt. Er scheut sich, feste Ergebnisse und Weisungen an sie heranzutragen, sondern stellt sich mit ihnen zusammen in das Suchen und Fragen hinein, um mit ihnen gemeinsam hinauszufinden. Ich weiß, was man einwenden kann: Das christliche Dasein gehe nicht vom Menschen, sondern von Gott aus und sei daher wesenhaft „Befehl“, demgegenüber es nur den Gehorsam gebe. Daher werde auch in der Kirche keine unbekannte Wahrheit gefunden, sondern die für immer geoffenbarte verkündet. Was ich meine, liegt aber innerhalb dieser Tatsache. Es ist ein durch die ganze Tätigkeit hindurchgehender Unterschied der Haltung, ob ich ausdrücklich von der Autorität ausgehe und Gehorsam fordere, oder ob ich mich neben den anderen stelle und mit ihm zusammen in den Gehorsam zu gelangen suche. In beiden Haltungen ist Autorität und Gehorsam, aber sie gehen verschiedene Wege. Ebenso ist in beiden Haltungen Amt; nur ist dieses in der ersten sozusagen der über allem stehende Rechtstitel, von welchem die Tätigkeit ausdrücklich ausgeht; in der zweiten bildet es die innere Richtungssicherheit und Kraft, durch welche jenes beständige Sich=Wagen gelenkt und gehalten wird. In der Mainzer „Juventus“ sowohl wie in Rothenfels habe ich eine Autorität gehabt, die es mir möglich machte, alles zu sagen und sehr viel zu fordern, viel mehr, als mit der Methode der direkten Autorität hätte gefordert werden können; das aber gerade deshalb, weil ich nicht von ihr ausgegangen bin.

Von hier aus bekommt auch das ganze Problem Priester und Laie einen verschiedenen Charakter, und ich habe oft gedacht, eine ganze Anzahl von Schwierigkeiten würden verschwinden, wenn es mehr in der brüderlichen Haltung stehende Priester gäbe.. Im übrigen ist wohl klar, daß ich damit keinerlei Wertung aussprechen will. Ja ich bin sogar bereit, zuzugeben, daß in der Ökonomie des christlich=kirchlichen Lebensganzen der erste Typus führen wird.

Im Frühjahr 1912 wurde ich nach Mainz versetzt, damit ich mich auf einem als leicht angesehenen Posten auf meine Promotion vorbereiten könne.

Wie es in Mainz mit dem Gottesdienst, mit der individuellen Seelsorge und mit dem geistig=religiösen Leben bestellt war; wie ein Pfarrer zum anderen, und der Pfarrer zum Kaplan stand, darüber will ich hier lieber nicht sprechen.. In der ersten Zeit meines Dortseins begegnete ich eines Tages auf dem Domplatz einem älteren Kaplan, der schon lange in Mainz war und es durch und durch kannte. Er begrüßte mich als Neuangekommenen; dann – ich sehe die Szene noch vor mir – wandte er sich zum Dom und sagte im kräftigsten Mainzer Dialekt: „Herr Kaplan, sehen Sie einmal da hinauf: Wissen Sie, was auf dem Schwanz vom Domhahn steht?" Als ich antwortete, ich könne die Geisterschrift nicht sehen, fuhr er fort: „Die Ihr hier eintretet, laßt alle Hoffnung fahren!" Es war ohne Heftigkeit, im Ton einer einfachen Feststellung gesagt, und ich muß meinerseits sagen, daß er recht hatte.

Mein Posten war an St. Christoph, das man ohne Lieblosigkeit das Zentrum der Mainzer Betschwesterei nennen konnte. Seelsorge hatte ich keine; die war – wie in Mainz überhaupt – Sache des Pfarrers. Ich hatte eine größere Anzahl von Schulstunden, Andachten und hin und wieder die „geringeren" Begräbnisse. Morgens hatte ich um 6 Uhr die heilige Messe, Tag für Tag vor ausgesetztem Allerheiligsten.

Ein Gutes hatte aber jene Zeit: aus alter Tradition war Sonntags um 18 Uhr eine Predigt, die der Kaplan zu halten hatte. Dort habe ich zum erstenmal den Vorteil des Themenzyklus entdeckt und ihn nachher, wo ich nur immer konnte, angewendet.

Im Frühjahr 1913 ging ich nach Freiburg, um zu promovieren. Was die Freiburger Zeit für mich bedeutet hat, erzähle ich anderswo; zu seelsorglicher Tätigkeit hatte ich dort keine Gelegenheit. Jeden Morgen hatte ich die heilige Messe zu lesen; das geschah, wie im „Collegium Sapientiae" üblich, in irgend einem der zahlreichen Klöster oder kirchlichen Institute.

In diese Zeit fiel, wie ich schon gesagt habe, der Tod von Frau Schleußner. Um Prof. Schleußner, der bis ins Innerste erschüttert war, abzulenken, begleitete ich ihn auf einer Fahrt durch verschiedene Orte Deutschlands, vor allem aber nach Neiße in Schlesien. Dort lebte ein alter Geistlicher, Dr. Adolf Kluge, mit dem er sprechen wollte. Im gleichen Neiße war aber auch das Knabenkonvikt, dem Dr. Bernhard Strehler, einer der Gründer des Quickborn und später Leiter von Burg Rothenfels, vorstand. Das Konvikt wurde ganz aus dem Geiste des Verstehens und Vertrauens, der Selbständigkeit und Freiwilligkeit geführt, und es hat auf mich einen meine ganze pädagogische Arbeit bestimmenden Eindruck gemacht. Doch darüber in anderem Zusammenhang mehr.

Im Jahre 1915 wurde ich promoviert und ging wieder nach Mainz zurück. Diesmal für fünf Jahre.

Während dieser Zeit habe ich drei Stellen inne gehabt, wie denn überhaupt mein Kaplansleben ziemlich unstet gewesen ist. Das war zunächst Prinzip, denn man hielt es für richtig, die Kapläne oft zu versetzen, sei es, damit sie durch das immer neue Sichablösen und Weiterwandern Gehorsam lernten und in den verschiedenen Verhältnissen Erfahrungen sammelten, sei es, damit sie nicht allzu festen Fuß faßten und Schwierigkeiten mit den Pfarrern entstünden. Diese Vielzügigkeit steht aber auch in einer eigentümlichen Parallele zu anderen Vorgängen meines Lebens. Wenn ich an meinen Weg zum Beruf und innerhalb des Berufes, oder an die Mannigfaltigkeit meiner Aufenthaltsorte im Lauf der Jahre, oder an meine vielen Umzüge denke, so sehe ich immer das gleiche Bild einer Rastlosigkeit, die ihren Grund in tieferen Wurzeln, als in den jeweiligen Anlässen, haben muß.. Und dabei kostete es mich und kostet mich immer noch eine Anstrengung, von etwas fortzugehen, und die Erscheinung des Hängenbleibens ist die immer wieder hervortretende Kehrseite des Wanderns.

Zuerst war ich also Kaplan an St. Ignaz, bei einem lieben Pfarrer, mit dem ich mich vortrefflich verstand. Dann kam ich nach St. Emmeran, von dessen „Rector ecclesiae" ich bereits in anderem Zusammenhang gesagt habe, daß er dazu neigte, sein Verhältnis zum Kaplan mit dem zu einem Dienstboten zu verwechseln. Endlich kam ich nach St. Peter, wo ich die längste Zeit, ich glaube, dreieinhalb Jahre blieb.

Was die seelsorgliche Tätigkeit während dieser Zeit angeht, so ist über das bereits Gesagte hinaus nichts weiter zu bemerken. Doch kam eine Aufgabe hinzu, über die ich in einem anderen Kapitel eingehender sprechen will: ich wurde nämlich beauftragt, die katholische Jugend der Mainzer höheren Schulen zu betreuen, welche in einer Vereinigung mit dem Namen „Juventus" zusammengefaßt war. Diese Aufgabe nahm mich für bestimmte Zeiten in Anspruch und war daher Anlaß zu beständigen Verdrießlichkeiten mit den beiden letzten Chefs, die nicht einsehen konnten, daß ihr Kaplan etwas anderes zu tun habe, als sie ihm auftrugen.

IX

Wie ich in dem Bericht über meinen Weg zur Professur erzählt habe, bin ich zur Promotion geschickt worden, damit ich später einen Lehrauftrag am Seminar übernähme. Daraus wurde nichts, und ich sah mich, um die Situation zu bereinigen, genötigt, einen neuen Urlaub zu erbitten. Der wurde gegeben, und ich ging im Jahre 1920 nach Bonn, um mich dort zu habilitieren.

Die Frage meines Lebensunterhaltes löste sich so, daß ich Hausgeistlicher in dem soeben neugegründeten Institut des Sacré-Cœur in Pützchen bei Beuel a. Rh. wurde. Dort war alles im ersten Anfang und hatte einen recht lebendigen Charakter. Das Anwesen war früher eine Nervenheilanstalt gewesen, mit einzelnen Gebäuden in einem großen Garten. In einem von diesen, mit großen Zimmern und riesigen Fenstern, wohnte ich ganz allein und fühlte mich sehr wohl.

Meine Tätigkeit habe ich anfangs mißverstanden. Ich war der Meinung, etwas Geistiges geben zu können, mußte aber dann einsehen, daß ich nur ein geistlicher Hausangestellter war, der genau vorgeschriebene Verrichtungen zu vollziehen hatte. Als ich mir dann – in Übereinstimmung mit dem Pfarrer des Ortes – erlaubte, auf Unmöglichkeiten im Verhältnis zu Angestellten und Untergebenen hinzuweisen, wurde die Sache kritisch. Hinzu kam, daß ich damals schon zum Quickborn gehörte, dieser aber schon früh als revolutionär angesehen wurde. Unter der ersten Oberin, die die Gründung durchführte, war die Sache noch relativ gut gegangen, und die zweite war eine vortreffliche Frau; dazwischen hatte aber die Leitung in der Hand von M. Sch. gelegen, die eine Integrale reinsten Wassers, geradezu die weibliche Ausgabe des Mainzer Generalvikars Ludwig Bendix war. Bei der ersten Audienz fragte sie mich u. a., ob ich das „Hochland" lese; als ich bejahte, war ich als liberal charakterisiert. Wieder stellte sich die seltsame Doppelbeziehung her, die auch bei Bendix gewesen war: ich fühlte Sympathie für ihre starke Persönlichkeit, sie muß ihrerseits ähnliches empfunden haben. So ist es ihr wohl, als sie sich von meiner Gefährlichkeit überzeugt hatte, nicht leicht geworden, zu tun, was sie tat. Nachdem ihre Nachfolgerin schon im Amt war, teilte M. Sch. mir mit, von der Generaloberin sei die Weisung gekommen, man möge mich bitten, auf den Posten zu verzichten, welche Weisung aber auf ihren eigenen Bericht hin erfolgt war. Nach dieser Eröffnung sank sie in die Knie und bat um den Segen.

Ich war zwei Jahre in Pützchen, und bis zu den letzten Verwicklungen gern. Wenn ich zurückhaltender gewesen wäre, hätte ich mir diese vielleicht erspart – aber doch nur vielleicht, denn das Eigentliche lag ja nicht in einzelnen Äußerungen oder Stellungnahmen, sondern im Wesen.

In die erste Pützchener Zeit oder kurz vor sie fällt aber eine Begegnung, die für meine seelsorgliche Arbeit so wichtig werden sollte wie kaum etwas anderes sonst: Ostern 1920 kam ich zur zweiten Bundestagung nach Rothenfels. Über das, was die folgenden neunzehn Jahre im Zusammenhang mit Bund und Burg an Einsichten, Arbeiten und geistigen Zusammenhängen bringen sollten, werde ich in einem anderen Kapitel ausführlich berichten.

Nach jener Eröffnung von M. Sch. stellte ich zur Bedingung, ich müsse Zeit haben, etwas anderes zu suchen, und das wurde denn auch zugestanden. Dieses Andere fand sich so, daß ich die zur Pfarrei Küdinghoven am Rhein liegende Expositur Holtorf im Siebengebirge übernahm. Fräulein Thomas, die mir in Pützchen die Zimmer besorgt hatte, ging als meine Haushälterin mit und ist seitdem bei mir geblieben.

Der Umzug wird mir immer im Gedächtnis bleiben. Es war schon Inflation; so konnte man nichts mehr kaufen. Von zu Hause hatte ich einige Möbel bekommen; das meiste aus dem väterlichen Hause nahm meine Mutter, die sich damals zur Rückkehr nach Italien entschlossen hatte, dorthin mit. Diesen kleinen Hausrat luden P. Kunibert und ich auf einen Wagen und begleiteten ihn, zur Seite gehend, den Weg nach Holtorf hinauf.

Ich bekam dort eine recht unzulängliche kleine Wohnung, in einem Hause, das, wenn ich mich recht entsinne, einem Bäcker gehörte. Das Schlafzimmer war so feucht, daß die Tapete herunterhing. Die Frage meines Unterhaltes wurde so geregelt, daß eine Familie sich bereit erklärte, mir jeden Tag einen Liter Milch, eine andere, mir jede Woche ein Brot zu geben; andere gaben gelegentlich bald dieses bald jenes. Außerdem wurde jede Woche für mich gesammelt. Nach einiger Zeit war das ein Waschkorb voll Geld, mit welchem Fräulein Thomas dann schleunigst nach Bonn fuhr, um irgend etwas zu kaufen. So war alles sehr armselig, aber das Jahr steht mir ganz hell in der Erinnerung.

Die seelsorgliche Arbeit war sehr bescheiden. Die Gemeinde gehörte zu Küdinghoven, daher hatte ich keine eigenen Rechte; auch konnte meine Wirksamkeit nur vorübergehend sein. So habe ich mich darauf beschränkt, zu tun, was der Pfarrer getan zu sehen wünschte.

X

Im Frühjahr 1923 ging ich nach Berlin und fand, wie bereits erzählt, zuerst in Potsdam eine kleine Wohnung im Kloster der Borromäerinnen in der Zimmerstraße. Die Wohnungsnot war damals sehr groß, und ich mußte mich mit noch zwei Zwischenlösungen begnügen, bis ich ein kleines neugebautes Haus am Brauhausberg beziehen konnte. Dort habe ich gewohnt, bis ich nach Berlin übersiedeln konnte.

Während der Potsdamer Zeit hatte ich so gut wie keine seelsorgliche Tätigkeit. Die Arbeit für die Vorlesungen nahm mich stark in Anspruch, und Rothenfels zog alle freie Zeit an sich.

In den Sommer 24 fällt eine religiöse Erfahrung, über die ich eigentlich ausführlich berichten müßte .....

Im Jahre 1927 fand sich durch besondere Umstände eine Wohnung in Berlin-Charlottenburg, in der Sophienstraße. Zwei Jahre später zog ich weiter hinaus; zuerst nach Zehlendorf-West, dann nach Eichkamp, um schließlich 1936 in einem von Prof. Rudolf Schwarz für mich erbauten Haus in Schlachtensee die Wohnung zu finden, die ich zum erstenmal als wirkliches Heim empfunden habe. Nun ist sie wieder verloren.

In Potsdam hatte ich sehr weit ab gewohnt; infolgedessen hatte sich keine Tätigkeit außerhalb der Vorlesungen entwickeln können. Das geschah nun. Bald nach meiner Übersiedlung bat mich die Direktorin der sozialen Frauenschule, am Mittwoch die heilige Messe in der Kapelle des Hauses zu lesen und eine kleine Ansprache zu halten. Das habe ich durch einige Jahre hindurch gern getan, denn die Zuhörerschaft war aufmerksam und empfänglich.

Bald darauf kam eine weitere Aufgabe. In der Schlüterstraße, nicht weit vom Knie, war eine zweite Kapelle für die Studentenseelsorge eingerichtet worden. Sie lag in einem der katholischen Gemeinde gehörigen Mietshaus und hatte ursprünglich als Notraum für deren Gottesdienst gedient. Dann war in der Schillerstraße die Kirche errichtet worden, und die Studentenseelsorge hatte den Raum übernommen. Dr. Dieter Sattler, mit dem ich nachher in enge freundschaftliche Beziehungen kam, hatte ihn ausgebaut. Die Kapelle bestand aus drei Zimmern, deren Zwischenwände herausgenommen waren, und zwei Nebenräumen. Da sie tiefer lag als der Hauseingang, hatte man den Eindruck, in eine Katakombe hinabzusteigen. Sie war ganz schlicht. Die Wände weiß, außer den Aposteleuchtern ohne allen Schmuck. Der Altar stand frei auf einer erhöhten, aus Backsteinen gebauten Estrade, auf deren Stufen die Gläubigen niederknieten, um die Kommunion zu empfangen. Er war ebenfalls aus Backsteinen gemauert, mit einer einfachen Platte aus weißem Sandstein, auf welcher sich nur das Kruzifix, zwei Leuchter und liegende Kanontafeln befanden. An ihm konnte die heilige Messe an beiden Seiten, also auch nach dem Volke zu gelesen werden. Hinter dem Altar, an der Wand, war ein in Kupfer getriebener segnender Christus.. Hier habe ich vom Jahre 1928 bis zum Sommer 43, mit der bloßen Unterbrechung der Ferien, am Sonntag die heilige Messe gelesen und gepredigt.

Der Gottesdienst bestand immer in der lateinischen „missa recitata", streng und ohne jedes Zugeständnis an Volkstümlichkeit gehalten. Das konnte geschehen, da die Gläubigen zum größten Teil Akademiker und der lateinischen Sprache mächtig waren. Der Seelsorger, Dr. Pinsk, hatte von vornherein die heilige Messe der Gemeinde zugewendet gelesen. Es war die Zeit, in der man etwas Derartiges noch tun konnte, ohne gleich zurechtgewiesen zu werden, und so blieb es denn auch. Ich habe mich eine Weile dagegen gesträubt, da ich den Gedanken, mir so beim Gebet und der heiligen Handlung ins Gesicht sehen zu lassen, als unerträglich empfand, habe aber dann nachgegeben und bereut, es nicht früher getan zu haben. Besonders in einem kleinen Raum ist das die einzig natürliche Art, die heilige Messe zu feiern. Durch sie entsteht ein wirklicher Zusammenhang. Alle sehen, was geschieht und können jeder Einzelheit folgen.

Besonders lebendig wurde dadurch auch die Predigt. Nachdem das Evangelium gelesen war, blieb man vor dem offenen auf einem flachen Kissen liegenden Meßbuch stehen und sprach über es hinweg, gleichsam aus ihm heraus, zur Gemeinde. Hier, in St. Benedikt – und seit 1920 in der Kapelle von Rothenfels – bin ich der Verkündigung von Gottes Wort so recht froh geworden. Nach kurzen Versuchen ging ich bald dazu über, über mehrere Sonntage, in der Regel über ein Semester sich erstreckende Gegenstände zu nehmen. Selbstverständlich hat jede Gemeinde ihre besonderen Erfordernisse, wie auch das Kirchenjahr immer wieder zur Geltung kommen muß. Abgesehen davon aber scheint mir die Behandlung zusammenhängender Predigtreihen als die gemäßeste Art, das Wort Gottes zu verkünden. In der ersten Zeit waren es mehr thematische Predigten – zum Beispiel über das Wesen und die Entwicklung des Glaubens; ein Zyklus, aus welchem nachher das Buch „Vom Leben des Glaubens" hervorgegangen ist. Dann näherte ich mich immer mehr der homiletischen Predigt. Gewiß muß der Prediger auch aus dem unmittelbaren Glaubensbewußtsein der Kirche und aus seiner persönlichen religiösen Erfahrung heraus sprechen können, denn die Kirche ist ja die Trägerin des Auftrags, „alle Völker zu lehren, und sie halten zu lehren, was Christus gesagt hat". Trotzdem ist die Heilige Schrift als Zeugnis der ersten inspirierten Verkündigung des Gotteswortes die eigentliche Grundlage.

Diese Einsicht ging bei mir mit einer anderen Entwicklung zusammen, welche meine akademische Lehraufgabe betraf. Ich erkannte, wie wichtig es für eine geistig nicht schöpferische und durch Relativismen aller Art verwirrte Zeit sei, das Wort der Großen in sich aufzunehmen. Dazu mußte dieses Wort aber aufgeschlossen werden; so ging mir die Aufgabe der Interpretation auf und wurde mir immer wichtiger. Es ist eine besondere Freude, in einen großen Text einzudringen; Satz um Satz aufzuschließen und ihn in seinem besonderen Inhalt wie in seinem Zusammenhang mit dem Ganzen zu erklären; schließlich aus dem, was der Autor sagt, die Verbindung zum Problem an sich und zu den Fragen der Zeit herzustellen. Diese Arbeit habe ich in vielen Vorlesungen und auch in einer Reihe von Büchern durchgeführt – ihr wichtigster Gegenstand aber mußte die Heilige Schrift sein. Hier konnte man in Wort und Satz eindringen, ohne sie je zu erschöpfen. Alles, was man an geschichtlichem, gedanklichem und psychologischem Wissen besaß, konnte man nützen. Vom heiligen Wort führten die Wege zu allen Fragen der Zeit, und wenn man selbst keine Antwort fand, dann fand man doch die Zuversicht, daß es eine gebe. In dieser Weise habe ich zum Beispiel ein Semester hindurch Psalmen erklärt, in anderen die Apostelgeschichte oder Briefe des heiligen Paulus. Im Jahre 19.. ging ich daran, die Gestalt und das Leben Jesu aus dem Neuen Testament heraus darzustellen; immer ausgehend von der sorgfältigen Analyse einzelner Texte oder Textgruppen, um dann von ihnen aus den Weg ins Ganze zu suchen. Diese Predigten erstreckten sich durch acht Semester, und aus ihnen entstand dann das Buch „Der Herr".

Längere Zeit hindurch ging auch die Predigt am Mittwoch weiter; schließlich mußte ich sie aufgeben, weil es zu viel wurde.

Durch ein Semester hindurch habe ich auch, dem Wunsch des Pfarrers von Berlin-Grunewald folgend, in seiner Kirche die Predigt für Männer um halb zwölf gehalten. Das Thema war jedesmal ein anderes als das in St. Benedikt; so war es eine eigentümliche Erfahrung, daß die beiden einander nicht störten, da jede gleichsam ein eigenes Wesen für sich war. Doch war die Anstrengung so groß, daß ich den Auftrag zurückgeben mußte.

So geht durch die Jahre 1920 bis 1943 ein breiter Strom des Predigens, und ich muß sagen, daß wenige Dinge im Rückblick mich so glücklich machen, wie dieses. Je länger, desto weniger ging es mir dabei um unmittelbare Wirkung. Was ich von Anfang an, erst instinktiv, dann immer bewußter gewollt habe, war, die Wahrheit zum Leuchten zu bringen. Die Wahrheit ist eine Macht; aber nur dann, wenn man von ihr keine unmittelbare Wirkung verlangt, sondern Geduld hat und auf lange Zeit rechnet – noch besser, wenn man überhaupt nicht an Wirkungen denkt, sondern sie um ihrer selbst, ihrer heiligen göttlichen Größe willen darstellt. Die Offenbarung sagt ja, daß „Gott Licht ist". Licht ist mehr als Wahrheit; aber dieses Mehr liegt doch wohl in ihrer Richtung, sodaß die Verkündung, welche die heilige Wahrheit aufleuchten macht, Ihm die

Tür öffnet. Nur, wie gesagt, man muß Geduld haben. Hier dürfen Monate nichts bedeuten und Jahre auch nicht. Und man darf keine Absichten haben. Wenn irgendwo, dann ist hier die Absichtslosigkeit die größte Kraft. Das habe ich oft erfahren.

Manchmal, besonders in den letzten Jahren, war mir zu Mute, als ob die Wahrheit wie ein Wesen im Raum stünde.

Eine besondere Form der Wirksamkeit vollzog sich im persönlichen Gespräch. Solche Gespräche haben sehr früh begonnen; zum Teil noch in der Studentenzeit. Im Zusammenhang mit meiner Lehrtätigkeit wurden sie dann immer zahlreicher und bekamen ihren festen Stützpunkt in der Sprechstunde. Diese wurde im Vorlesungsverzeichnis für Mittwoch Nachmittag von 16 bis 17 Uhr angesagt, entwickelte sich aber bald über die Zeit hinaus und dauerte in der Regel bis in den Abend. Dann reichte der Mittwoch nicht aus, ich mußte den Samstag Nachmittag hinzunehmen, und oft kam auch noch am Sonntag Nachmittag jemand zu mir.

Die Gespräche dauerten meistens lang. Wenn es sich nur darum handelte, auf eine bestimmte Frage Auskunft zu geben, war man bald am Ende; in der Regel handelte es sich aber um menschliche Konflikte, oder um religiöse Zweifel und Ratlosigkeiten, oder um das Suchen nach der eigenen geistigen Linie. Da durfte es auf Zeit nicht ankommen. Ich lernte immer besser zuzuhören und den Raum zu schaffen, in welchem der andere nicht bloß zum Sprechen frei wird, sondern auch sich selber richtig vor den Blick bekommt. Und zu verstehen; keine fertigen Schemata anzulegen, sondern den Menschen, der ja immer ein Einziger ist, aus ihm selbst heraus zu erfassen. Daraus ergibt sich das klärende und richtungweisende Wort oft ganz von selbst. Wenn nicht, dann muß man ehrlich sagen, daß man nichts weiß und, was ein Gespräch nicht gegeben hat, von einem zweiten erwarten.. Auch hier darf man keine raschen Ergebnisse suchen, sondern muß Geduld haben. Menschliche und geistige Dinge gehen nicht rasch; sie wollen ihre Zeit. Und noch besser ist es, überhaupt keine „Ergebnisse" zu wollen, sondern das Gespräch ganz aus der Sache und aus der Bewegung der Stunde heraus gehen zu lassen.

In meinen ersten Berliner Jahren hatte ich eine Auseinandersetzung mit einem Manne, der für das dortige katholische Leben viel bedeutet hat, nämlich Carl Sonnenschein. Zum ersten Mal bin ich mit ihm in meiner zweiten Tübinger Studienzeit zusammengekommen. Damals war ich von seinem Temperament und seiner Rednergabe sehr beeindruckt, und habe ihm geholfen, in Tübingen einen sozialen Studentenzirkel zu gründen. In Berlin kamen wir dann wieder zusammen, und ich habe ihn das eine und andere Mal in der Georgenstraße besucht. Seine Absicht war, mich in seine weit ausgebreitete geistige und soziale Arbeit hineinzuziehen, aber ich wehrte mich instinktiv dagegen. Das nahm er mir sehr übel, aber es war richtig so. Sonnenschein pflegte seine Helfer rücksichtslos zu benützen. Immer für die Sache natürlich, nie für sich selbst; wer sich ihm aber zur Verfügung gestellt hatte, konnte allerlei erleben. So muß er mich für einen selbstsüchtigen, sich in die akademische Vornehmheit zurückziehenden Mann angesehen haben.

Und noch etwas anderes brachte uns auseinander. Sonnenschein hatte tief in der modernistischen Bewegung gestanden. Als dann für ihn die Krise kam, hat er sich nicht nur von ihr gelöst, sondern er muß auch den theologischen Problemen überhaupt den Abschied gegeben haben. In Berlin war sein Standpunkt: „Wir sind in einer belagerten Stadt; darin gibt es keine Probleme, sondern nur Parolen." Die Formel mag Eindruck machen, ist aber falsch. Man kann Probleme nicht verabschieden; wer sie empfindet, muß sich ihnen stellen, besonders wenn er für das Geistige verantwortlich ist. Echte Praxis aber, das heißt, richtiges Handeln, geht aus der Wahrheit hervor, und um die muß gerungen werden. Ich glaube, er ist mit den Fragen, die ihm so viel zu schaffen gemacht hatten, nicht wirklich fertig geworden, sondern hat die Tür vor ihnen zugemacht. Das mag für ihn gut gewesen sein, obwohl ich auch da meine Zweifel habe und denke, seine Wirksamkeit wäre ruhiger, tiefer und in ihren Ergebnissen dauernder geworden, wenn er mehr aus echtem Fragen heraus gelebt hätte. Aber das war seine Sache; ich jedenfalls war für das Fragen da und konnte mich nicht in seine Praxis einspannen lassen. Ich weiß, daß er über mich scharf geurteilt hat. Er hat in mir einen Menschen gesehen, der Unruhe erregt. In Wahrheit war es, fürchte ich, so, daß er keine Fragen ertrug.

Nun wäre noch über eine andere Tätigkeitslinie zu berichten, nämlich über die Vorträge.

Ich habe darin nicht so viel getan, als gewünscht wurde. Das lag einmal daran, daß mir ein Vortrag schwerer fiel, als man im allgemeinen annahm; der Hauptgrund aber war, daß Rothenfels den größten Teil der Energie, die durch die reguläre Universitätsarbeit freigelassen wurde, an sich zog.

Besonders der Akademikerverband war in dieser Beziehung nicht mit mir einverstanden. Ich hielt auf seiner Bonner Tagung eine Reihe von Vorträgen über den „Sinn der Kirche", in denen ich für mich selbst die innere Form des Vortrags fand. Auch auf der Ulmer und der Aachener Tagung wirkte ich mit. (Auf dieser zusammen mit Karl Neundörfer, der mir dann ins Engadin vorausfuhr und dort am Tage, an dem ich nachgekommen war, den Tod fand.) Ebenso habe ich hin und wieder in der Berliner Ortsgruppe gesprochen.. Man hätte gewünscht, daß ich mich ganz in die Arbeit des Verbandes hineinstellte; das konnte ich aber wegen der Rothenfelser Verpflichtungen nicht. Letztere hielt ich für wichtiger und habe es auch aufrichtig gesagt. Von einem bestimmten Augenblick an habe ich mich dann vom Verband überhaupt zurückgezogen, weil ich überzeugt war, daß er falsche Wege gehe. Seine Arbeit begann sich zu mechanisieren, und es wäre nötig gewesen, neue Formen der Wirksamkeit zu schaffen: kleinere Kreise mit intensiverer Arbeit; kleine Arbeitswochen, die religiös und geistig in die Tiefe gingen usw. Davon wollte aber Dr. Münch, der Generalsekretär des Verbandes, nichts wissen.

Eine neue Möglichkeit tat sich in den Salzburger Hochschulwochen auf. Bei der ersten habe ich mitgetan und eine Reihe von Vorlesungen über die religiösen Gestalten in Dostojewskijs Romanen gehalten. Auch diese Sache wurde aber, wie ich zu sehen glaubte, auf einen falschen Weg gesteuert, und ich habe das Dr. Münch sowohl wie P. Mager gesagt. Man wollte aus den Salzburger Hochschulwochen eine katholische Universität entstehen lassen, und das mußte in eine Sackgasse führen. Meine Ansicht war, man solle einen neuen Typus geistiger Wirksamkeit schaffen, mit einem Minimum an organisatorischem Apparat und einem Maximum an Freiheit und Beweglichkeit. Das wurde abgelehnt und tatsächlich zeigten sich auch bald die Symptome, daß die Sache sich festzufahren begann. Dann veränderten sich die äußeren Verhältnisse und alles hörte auf – wie ich fürchte, gerade noch zur rechten Zeit.

Dann waren da die Vorlesungen an der Lessing-Hochschule. Ich habe sie sehr gern gehalten. Die Zuhörerschaft war ganz vortrefflich, und die Aufmerksamkeit so, daß man unwillkürlich sein Bestes gab. Die Vorträge gingen durch mehrere Jahre hin; bald nach 1933 hörten sie auf.

Später habe ich auch einige Male in der katholischen Volkshochschule gesprochen. Nach 1940 geschah das öfter. Auch da war eine sehr gute Zuhörerschaft, und die Vorträge hatten eine ähnliche innere Spannung, wie sie sie in der Lessing-Hochschule gehabt haben.

Ein besonderes Gewicht haben in meiner Erinnerung die Abendvorträge in der Canisius-Kirche.

Bald nach Beginn des Krieges kam Frau Dr. Josepha Fischer im Auftrage des Berliner katholischen Frauenbundes und meinte, man solle etwas schaffen, das geeignet sei, in den Bedrängnissen der Zeit zu helfen. Nach einigen Überlegungen einigten wir uns darauf, es müsse sich um etwas handeln, das zwischen Predigt und Vortrag liege, sodaß es zugleich belehrend und stärkend wirken könne. Die Vorträge sollten in einer Kirche stattfinden, da man hier allein die nötige Bewegungsfreiheit habe; doch solle das gottesdienstliche Moment nur ganz sparsam entwickelt werden, damit solche, die dem kirchlichen Leben fernstünden, sich nicht behindert fühlten.

So haben wir es denn auch gemacht. Die Vorträge fanden in der von Jesuiten betreuten Canisius-Kirche in Charlottenburg statt. Mit Rücksicht auf die sich ändernden Berufszeiten wie auch auf die Luftgefahr wechselte die Stunde etwas, lag aber um achtzehn Uhr herum.. Der Ritus war denkbar einfach. Er begann mit einem Lied an den Heiligen Geist; dann kam der Vortrag, den ich, um den kirchlichen Charakter außer Zweifel zu halten, in liturgischer Kleidung hielt. Darauf wurden, entweder von einem kleinen Chor oder von den Zuhörern, einige Strophen eines Liedes gesungen. Während der Zeit ging ich an den Altar. In der ersten Zeit folgte eine Litanei; an deren Stelle trat nachher, von Heinrich Kahlefeld angeregt, ein selbstverfaßtes Gebet, das sich aus dem Vortrag heraus entwickelte und dessen Gedanken ins unmittelbar Religiöse hinübertrug. Den Beschluß bildete der in deutscher Sprache gespendete schlichte Handsegen.

Die Form war gut und überzeugend. Die Zuhörerschaft war zahlreich, und sie setzte sich, wie wir es erhofft hatten, aus den verschiedenartigsten Menschen zusammen. Sie hörten mit einem Ernst und einer Konzentration zu, daß diese Predigtvorträge zu meinen stärksten Erinnerungen gehören.

Ich pflegte ziemlich lang, zuletzt bis zu fünfzig Minuten zu sprechen. Erst frei; dann wurde das aber so anstrengend, daß ich das Manuskript mit auf die Kanzel nahm.

Hier habe ich mit am stärksten erfahren, was ich oben von der Macht der Wahrheit sagte. Wie groß, wie von Grund auf

114

wahr und lebensmächtig die christlich-katholische Botschaft ist, ist mir selten so zu Bewußtsein gekommen, wie an jenen Abenden. Zuweilen war es, als stehe die Wahrheit wie ein Wesen im Raum.

Aus jenen Vorträgen sind manche Veröffentlichungen hervorgegangen; so vor allem die zwölf Beiträge, die ich zu der Reihe „Christliche Besinnung" beigesteuert habe, und die fünf Kapitel des Buches über „Die letzten Dinge".

XI

Als ich am Ende dieses Kapitels angelangt war, kam mir die Frage, ob eine solche Art des Wirkens, wie ich sie hier beschrieben habe, nicht subjektivistisch sei.. Es ist ja tatsächlich so gewesen, daß ich meine eigentliche Arbeit nicht in den hergebrachten Formen getan habe. Sobald ich in der „Juventus" anfing, verließ ich ihre bisherige Struktur und baute jenes „Jugendreich" auf, das von den Gründern so sehr mißbilligt und von meinem Nachfolger sofort wieder zerstört worden ist. Die Tätigkeit in Rothenfels ging zuerst aus den Impulsen der Jugendbewegung und des Bundes sowie den Ideen Dr. Strehlers, nach 1924 aber immer mehr aus der Initiative unseres Rothenfelser Kreises hervor, in welchem ich eine stark mitbestimmende Stellung hatte. Die Wirksamkeit in St. Benedikt sowohl wie in der persönlichen Seelsorge kam nicht aus offiziellem Auftrag und unterstand keiner Kontrolle. Für meine Tätigkeit an der Universität hatte ich weder den Rahmen eines regulären Faches, noch auch nur die Einordnung in eine Fakultät. Was aber die philosophisch=theologischen Gedanken selbst, den Versuch, das Dasein aus der Offenbarung heraus zu verstehen, anlangt, so habe ich dafür selbstverständlich vielerlei Anregungen empfangen, darf aber doch sagen, daß er im Wesentlichen aus der eigenen inneren Bewegung heraus unternommen wurde. So ist meine Arbeit tatsächlich in einem

Maße aus mir selbst hervorgegangen, wie das sonst nicht häufig der Fall sein dürfte.

Bei dieser Feststellung bin ich mir keiner Selbstgefälligkeit bewußt. Es ist eben so gewesen. Nicht weil ich etwas Besonderes hätte sein oder tun wollen, sondern weil ich nicht anders gekonnt hätte.. Die Frage ist aber, ob man ein solches Vorgehen nicht als individualistisch und subjektivistisch ablehnen muß?

Tatsächlich hat mir denn auch die kirchliche Öffentlichkeit lange Zeit sehr zurückhaltend, wenn nicht sogar, besonders im Zusammenhang mit Rothenfels, mißtrauisch gegenübergestanden. Die autoritären Stellen haben mir keinerlei Hilfen gegeben und mich bis vor kurzem zu nichts herangezogen. Was aber meine literarische Arbeit angeht, so hat die Laienwelt sie gern aufgenommen, die Theologie aber hat sie, im Ganzen gesehen, bis zur Stunde ignoriert. Prof. Schmaus war der erste, der sie in seiner Dogmatik anerkannt und benutzt hat; sonst ist es über konventionelle Rezensionen kaum hinausgekommen.. Andererseits muß ich aber mit Dankbarkeit sagen, daß diese Zurückhaltung und was sonst noch war, mich nie gehindert hat. Man hat mich in schwierigen Aufgaben allein gelassen, sodaß alles sehr mühsam war, und ich mich manchmal mit Sorge fragen mußte, ob ich nicht auf falschem Wege sei. Andererseits war aber doch auch eine Art Wohlwollen dabei, als ob man sagte: „Wollen sehen, was daraus wird!"

Fünfunddreißig Jahre sind eine lange Zeit; wenn man über sie hinblickt, kann man schon sehen, welchen Geistes die darin getane Arbeit ist. So muß ich sagen, daß ich keinen Subjektivismus darin finde. Wenn das Wort einen Sinn haben soll, kann es doch nur bedeuten, daß jemand, ohne einen objektiven Maßstab anzuerkennen, denkt und tut, was ihm persönlich richtig scheint. Das habe ich aber nicht getan – ja ich hätte eine solche Haltung einfach als töricht empfunden. In der entscheidenden Zeit meines Lebens habe ich erkannt, daß die Kirche keine geistliche Aufsicht ist, der man möglichst viel Raum für das eigene Leben abzugewinnen sucht, sonst wäre ich meiner Wege gegangen. Es ist mir vielmehr klar geworden, daß sie das wesenhafte dritte Element in der Ordnung der Offenbarung verkörpert. Der Herr hat gesagt: „niemand kennt den Vater als der Sohn, und wem es der Sohn will offenbaren". Der Sohn aber, Christus, steht nicht irgendwo im geschichtlichen Raum, sondern der Heilige Geist ist gesandt, uns „in alle Wahrheit einzuführen". Das ist so wesentlich, daß wir nach den Worten des Apostels ohne Ihn nicht einmal das Bekenntniswort „Herr Jesus" zu sprechen vermögen. Der Geist wirkt aber nicht als freiströmende spirituelle Macht, sondern von einer geschichtlichen Instanz her, nämlich der Kirche. Das ist die Ordnung: Zum Vater kommt man nur durch Christus; Christus aber sieht man richtig nur in dem vom Heiligen Geist geordneten Raum der Kirche. Wie kann also derjenige, dem es um die Wahrheit zu tun ist, ein Privatunternehmen auftun wollen? Wäre das nicht lächerlich? Er wird die Kirche im Gegenteil so tief als möglich in sich aufnehmen. Es war daher nicht zufällig, daß die erste Schrift, mit der ich in die Fragen der Zeit eingriff, die „Vom Geist der Liturgie" war, welche den Gedanken des objektiv geordneten kirchlichen Gebetslebens entwickelte; und die zweite die „Vom Sinn der Kirche", die mit dem Satz anfängt: „ein religiöser Vorgang von unabsehbarer Tragweite hat eingesetzt: die Kirche erwacht in den Seelen".

Allerdings ist Kirche nicht identisch mit einem einzelnen Teil ihrer Hierarchie, oder mit einer theologischen Schule, oder mit einer traditionellen Praxis. Sie ist mehr als das, und jedem Einzelmoment gegenüber ist der Rückgriff auf ihre Totalität und ihr Wesen offen. Ich weiß, das muß mit Vorsicht gesagt und getan werden, denn die Autorität wird aktuell im Konkreten, und der Gehorsam muß vor diesem geleistet werden. Trotzdem gibt es auch das unmittelbare Verhältnis zur Kirche in der Fülle ihres Wesens, und von ihm her wird es möglich, „in Zuversicht", wie Paulus sagt, voranzugehen, wenn Einsicht und innerer Auftrag es fordern. Ich darf sagen, daß es mir immer um die Kirche zu tun war, auch wenn ich, um ihr zu dienen, allein gegangen bin.

Sehr viel hat mich das Problem des christlichen Bewußtseins beschäftigt. Mit dem Wort ist nicht einfachhin der Glaube gemeint. Gläubig wird einer in dem Augenblick, da er die Offenbarung erkennt und versucht, ihrem Wort gehorsam zu sein; unter christlichem Bewußtsein hingegen verstehe ich, daß die Tatsache der Offenbarung zum Ausgangspunkt und ihre geistige Ordnung zur Ordnung des Denkens werden. Danach habe ich gestrebt, denn ich war überzeugt, erst von dorther auch den vollen Blick auf die Welt und auf die Dinge des Lebens gewinnen zu können. Das Dogma habe ich nie als Schranke, sondern als das Koordinatensystem meines Bewußtseins empfunden. Damit will ich nicht sagen, ich hätte das, was in diesen Sätzen steht, auch wirklich vollzogen, aber es war das nie in Frage gestellte Ziel.

Meine Veranlagung hat mich nicht nach vorgezeichnetem Schema arbeiten lassen. Wenn es nötig war, habe ich mich eingefügt, und ohne viel Umstände, aber die Kraft blieb dann gebunden. So habe ich immer ins Freie gestrebt – welches Freie auch oft genug Alleinsein, Ratlosigkeit und Kampf bedeutete. Doch war ich dabei sicher, nicht aus meinem persönlichen Belieben, sondern aus dem großen Zusammenhang der Kirche heraus zu arbeiten. Der Weg aber, den mein Leben geführt worden ist, erscheint mir als Bestätigung, daß mein Instinkt richtig war. Innerer Drang und äußere Gegebenheit sind zuweilen mit einer Präzision zusammengegangen, die erstaunlich waren.

Dabei ist dann etwas geschehen, das mich im Rückblick mit

großer Dankbarkeit erfüllt: Die Laien haben meine Arbeit bald und mit steigender Bereitwilligkeit aufgenommen; seit einigen Jahren beginnt mir aber auch die kirchliche Autorität Vertrauen zu zeigen. Das empfinde ich als froh machende Bestätigung und wünsche von Herzen, es möge mir bis zum Ende erhalten bleiben.

Namensverzeichnis

Brentano, Lujo (1844–1931) 65f
Nationalökonom, Professor in Breslau, Straßburg, Wien, Leipzig, München (1891–1917); zählt zu den sog. „Kathedersozialisten", führender Vertreter eines idealistischen sozialen Liberalismus, setzte sich für die Gewerkschaftsbewegung ein; erfolgreicher Hochschullehrer, der unzählige zu sozialpolitischer Gesinnung erweckte.

Brinktrine, Johannes (1889–1965) 31
Professor für Dogmatik, Fundamentaltheologie und Liturgie an der Philosophisch-Theologischen Akademie in Paderborn.

Burckhardt, Jacob: 65f
„Die Cultur der Renaissance in Italien", 1860 (6. Aufl. Stuttgart 1898)

Chamberlain, Houston Stewart: 70
„Die Grundlagen des 19. Jahrhunderts". 2 Bde., 2. Aufl. München 1900

Clemen, Paul (1866–1947) 35
Kunsthistoriker, Professor in Bonn (1902–1936).

Dante Alighieri (1265–1321) 46, 52

Dostojewskij, Fjodor M. (1821–1881) 113

Eicken, Carl Otto von (1873–1960) 78
(nicht: Eick) Privatdozent in Freiburg (1903), Professor für Hals-Nasen-Ohrenheilkunde in Gießen (1910), Berlin (1922).

Esser, Gerhard (1860–1923) 32
Professor für Dogmatik in Bonn. Esser war Referent der Habilitationsschrift R. Guardinis.

Finke, Heinrich (1855–1938) 81
Professor für Geschichte in Münster (1891), Freiburg (1898); überwand die konfessionelle Geschichtsschreibung; gründete das „Historische Institut der Görres-Gesellschaft" in Rom.

Fischer-Erling, Josepha 104f
war in der Jugendbewegung als „Bundesmädchenführerin" tätig, gehörte auf Burg Rothenfels zum Führungskreis und war u. a. Mitarbeiterin bei der Zeitschrift „Die Schildgenossen".

Forel, Auguste: 82
„Die sexuelle Frage", 1905; 17. Aufl. 1942; Forel (1848–1931) war Psychiater und Professor in Zürich.

Franziskus von Assisi (1181–1226) 94

Funk, Franz Xaver (1840–1907) 81
Professor für Kirchengeschichte, Patrologie und Archäologie in Tübingen (1870), als Nachfolger des zum Bischof von Rottenburg berufenen Karl Joseph Hefele; Rektor (1892); eines der „Häupter" der sogenannten Tübinger Schule.

Funk, Philipp (1884–1937) 81
Studium in Tübingen und München, Journalist und Schriftleiter, Mitarbeiter der Zeitschrift „Hochland", Professor für Geschichte in Braunsberg

(1929), Freiburg (1929), als Nachfolger von Heinrich Finke.

dix betreute Vereinigung von katholischen Schülern der Mainzer höheren Schulen, zunächst ohne feste Organisation, dann von dessen Bruder Ludwig Bendix und verschiedenen anderen Geistlichen weitergeführt, schließlich unter R. Guardinis Leitung (1915–1920), danach weitgehend in der katholischen Jugendbewegung aufgegangen. Die kleine Schrift „Aus einem Jugendreich", Mainz 1920, geht aus dieser Tätigkeit R. Guardinis hervor.

ten wurde wegen des antiklerikalen, atheistischen Inhalts von der römischen Kurie 1926 auf den Index gesetzt. Mitglied der Académie française.

Mohlberg, Cunibert (1878–1963)   31 f, 105
Benediktiner aus Maria Laach, Herausgeber der „Liturgiegeschichtlichen Quellen" und der „Liturgiegeschichtlichen Forschungen". R. Guardini widmete ihm die Schrift „Vorschule des Betens", Einsiedeln 1943.

Moser, Johannes Heinrich Josef (1852–1920)   74 f
Priesterweihe in Mainz (1876), dort entpflichtet (1894), Aushilfspriester in Berlin St. Matthias (1895–1912).

Moufang, Franz Christoph Ignaz (1817–1890)   24
Regens und Professor am Mainzer Priesterseminar (1851), Schriftleiter der Zeitschrift „Der Katholik" (1851–1890), Mitglied des Deutschen Reichstags (1871).

Münch, Franz Xaver (1883–1940)   113
Studium der Theologie in Freiburg und Bonn, Promotion in Kirchengeschichte bei Heinrich Schrörs, 1916 Generalsekretär des Katholischen Akademikerverbandes (1935 ca. 11 000 Mitglieder), Mitbegründer der Salzburger Hochschulwochen (1931), Gründer und Herausgeber der Zeitschrift „Der katholische Gedanke".

Napoleon Bonaparte (1769–1821)   29

Neundörfer, Karl (1885–1925)   22, 27, 69–73, 80–85, 88, 93
Pfarrer in Mainz, St. Quintin (1918). Guardini widmete ihm das aus gemeinsamen Überlegungen entstandene Werk „Der Gegensatz", Mainz 1925; desgleichen „Die menschliche Wirklichkeit des Herrn. Beiträge zu einer Psychologie Jesu", Würzburg 1958.

Novalis (1772–1801)   28

Pascal, Blaise (1623–1682)   46, 50

Paulus (Apostel)   117 f

Pfeilschifter, Georg (1870–1936)   78
(nicht: Franz) Privatdozent für Kirchengeschichte in München und Professor am Kgl. Lyzeum in Freising (1900), Professor für Kirchengeschichte in Freiburg (1903), in München (1917), Rektor der Universität München (1922–1923).

Pinsk, Johannes (1891–1957)   107
Studentenseelsorger (1928), Pfarrer in Berlin (1942), Honorarprofessor an der Freien Universität Berlin; einer der einflußreichsten Vertreter der Liturgischen Bewegung.

Pius X. (1835–1914)   83

Platon (427–347 v. Chr.)   50

Rademacher, Arnold (1873–1939)   32, 38
Professor für Fundamentaltheologie und Religionsphilosophie in Bonn (1912), Generalsekretär der Görres-Gesellschaft (1914–1922).

Raich, Johann Michael (1832–1907)   28
Theologe und Literarhistoriker, Sekretär von Bischof Ketteler (1859), dessen Berater auf dem 1. Vatikanischen Konzil, Domdekan (1900), Herausgeber der Zeitschrift „Der Katholik".

Reuter, Fritz (1810–1874)   64
Schriftsteller, dessen Werk volkstümlich-humoreske, aber auch sozialrevo-
lutionäre Züge zeigt. Er stritt für die Verwendung der niederdeutschen
Mundart als Literatursprache.

Rilke, Rainer Maria (1875–1926)   46, 50

Rosenmöller, Bernhard (1883–1974)   78
Studium der Theologie und Philosophie in Freiburg (1906–1909), Professor
für Philosophie in Münster (1930), Braunsberg (1934), Breslau (1937); arbeitete u. a. auch über „Die religiöse Erkenntnis nach Bonaventura"
(1925); Gründer und Rektor der Pädagogischen Akademie in Paderborn
(1947–1949), Honorarprofessor in Münster (1947), emeritiert 1959. Vor-
standsmitglied des katholischen Akademikerverbandes.

Sacré-Cœur   32, 103f
Zweig der weiblichen Herz-Jesu-Genossenschaften mit der Bezeichnung
„Gesellschaft der Ordensfrauen vom heiligsten Herzen Jesu" (Virgines Re-
ligiosae Societatis Sacratissimi Cordis Jesu), auch „Dames du Sacré-Cœur"
genannt, gegründet in Paris (1810), deutsche Niederlassungen in Waren-
dorf (1852), Pützchen (1920, hier auch Sitz der deutschen Vikarin), München und Berlin-Charlottenburg (1930). Wirkungskreis: Mädchenpensio-
nate, Frauenexerzitien, katholisches Vereinswesen.

Sattler, Dieter (1906–1968)   55, 106
Freier Architekt in München und Berlin, Staatssekretär für die Schönen
Künste im Bayerischen Staatsministerium für Unterricht und Kultus
(1947), Kulturreferent der deutschen Botschaft in Rom (1951), Ministerial-
direktor im Auswärtigen Amt in Bonn (1959), Botschafter der Bundesre-
publik Deutschland beim Hl. Stuhl in Rom. Sein Vater, Carl Sattler, war
Architekt und Präsident der Bayerischen Akademie der Schönen Künste.
Der Großvater mütterlicherseits war der Bildhauer Adolf von Hildebrand.
R. Guardini widmete dem Ehepaar Dieter und Maria Sattler seine Studie
„Welt und Person", Würzburg 1939.

Sauer, Joseph (1872–1949)   78
(nicht: August), Kunsthistoriker, Professor für christliche Archäologie in
Freiburg (1916), Herausgeber der Zeitschrift „Literarische Rundschau"
(1905–1916).

Schanz, Paul (1841–1905)   81
Professor für neutestamentliche Exegese in Tübingen (1876), Professor für
Dogmatik und Apologetik in Tübingen (1883), als Nachfolger von Johan-
nes E. Kuhn.

Scheler, Max (1874–1928)   38, 40, 45
Philosoph, Professor in Köln (1919), Frankfurt (1928).

Schell, Herman (1850–1906) 75f
Professor für Apologetik, christliche Kunstgeschichte und Religionswissen-
schaft in Würzburg (1884–1906). Seine Hauptwerke wurden wegen Ver-
dacht auf monistische, rationalistische und protestantische Tendenzen auf
den Index gesetzt (1898). Sein Nachfolger wurde Philipp Kneib, bisher Professor für Moraltheologie am Mainzer Priesterseminar, einer der Vorgän-
ger R. Guardinis in der Leitung der Mainzer „Juventus".

Schleußner, Josefine (1861–1913) 67f, 70, 73, 93f, 101
Frau von Wilhelm Schleußner. Ihrem Andenken widmete R. Guardini sein
Werk über die Mystikerin „Lucie Christine. Geistliches Tagebuch", Düs-
seldorf 1921.

Schleußner, Wilhelm (1864–1927) 67f, 70, 73, 88, 93f, 101
Gymnasiallehrer, religiöser Schriftsteller, Literaturkritiker. Konvertierte
zum katholischen Glauben (1892), nach seiner Pensionierung und dem Tod
seiner Frau Studium der Theologie in Freiburg, zum Priester geweiht
(1918).
Das auf S. 67f erwähnte Werk von W. Schleußner ist nicht im Matthias-
Grünewald-Verlag in Mainz erschienen, die bibliographische Angabe lau-
tet vielmehr: Bardo, Br(uder), (Pseud.): „Deutsche Gebete. Wie unsere
Vorfahren Gott suchten". Ausgew. u. hrsg., Freiburg: Herder, 1916; 4.
Aufl., 15.–20. Tsd., (Vorwort v. E. Krebs), 1921.

Schlüter, Johannes (1878–1951) 38

Schlüter-Hermkes, Maria (1889–1971) 38f
Frau von Johannes Schlüter

Schmaus, Michael (*1897) 116
Professor für Dogmatik in Prag (1929), Münster (1933), München (1946);
gründete das „Grabmann-Institut zur Erforschung der mittelalterlichen
Philosophie und Theologie" an der Universität München.
R. Guardini widmete ihm zum 60. Geburtstag den 2. Band seiner Dante-
Studien „Landschaft der Ewigkeit", München 1958.

Schrörs, Johann Heinrich (1852–1928) 32f
Professor für Kirchengeschichte in Bonn (1886); hochangesehen an der
Universität und in der wissenschaftlichen Fachwelt.

Schwarz, Rudolf (1897–1961) 106
Architekt, bes. kath. Kirchenbau; der katholischen Jugendbewegung wie
der Liturgischen Bewegung verbunden, gestaltete er die Kapelle auf Burg
Rothenfels und war zusammen mit R. Guardini unter den Herausgebern
der Quickborn-Zeitschrift „Die Schildgenossen".

Sering, Max (1857–1939) 74
Nationalökonom, Professor in Bonn u. Berlin (1889).

Simmel, Georg (1858–1918) 74
Soziologe und Philosoph, Professor in Berlin (1901), Straßburg (1914).

Sokrates (470–399 v. Chr.) 53

Sombart, Werner (1863–1941)   40
Nationalökonom, Soziologe, Professor in Breslau (1890), Berlin (1906).

Sonnenschein, Carl (1876–1929)   111 f
Tätigkeit in Berlin im Ausbau der modernen Großstadtseelsorge, besonders der Studentenseelsorge (1918–1929).

Spörl, Johannes (1904–1977)   15–17
Historiker, Privatdozent (1934), Professor für mittelalterliche Geschichte
in Freiburg (1940), München (1947); über die Jugendbewegung mit R. Guardini seit der ersten Rothenfelser Zeit verbunden, gehörte er zu dessen
engstem Freundeskreis und war an der Berufung R. Guardinis nach München (1948) auf den neugeschaffenen Lehrstuhl für Religionsphilosophie
und christliche Weltanschauung maßgeblich beteiligt. R. Guardini widmete
dem Freund seine Schrift „Der Tod des Socrates", Berlin 1943.

Spranger, Eduard (1882–1963)   40
Kulturphilosoph, Pädagoge, Professor in Leipzig (1906), Berlin (1920),
Gastprofessor in Japan (1936), Tübingen (1946).

Stohr, Albert (1890–1961)   31
Bischof von Mainz; Priesterweihe (1913), Dozent für Kirchengeschichte
und Homiletik (1924), Professor für Dogmatik am Mainzer Priesterseminar
(1926), Bischof (1935), Referent der Fuldaer Bischofskonferenz für liturgische Fragen (1941); als R. Guardini mit dem Brief „Ein Wort zur liturgischen Frage", Mainz 1940, in den Liturgiestreit eingriff, schrieb A. Stohr
das Vorwort. Guardini widmete ihm das Werk „Religion und Offenbarung", Würzburg 1958.

Strehler, Bernhard (1872–1945)   101, 115
gründete als Präfekt des bischöflichen Konvikts in Neiße einen abstinenten
Schülerverein (1910), der sich „Quickborn" nannte und viele gleichartige
Gründungen nach sich zog. Kaufte mit gleichgesinnten Pädagogen die Burg
Rothenfels am Main (1919) und wurde für die Quickborn-Arbeit auf Rothenfels freigestellt (1921). Aufgrund von Differenzen mit R. Guardini
über die künftige Gestalt des Quickborn kehrte er in sein Heimatbistum zurück (1926).

Theresia von Avila (1515–1582)   67

Thomas von Aquin (1225–1274)   26

Thomas, Elisabeth   55, 104 f
Haushälterin R. Guardinis

Tillmann, Fritz (1874–1953)   32 ff, 38
zunächst Exeget, dann Professor für Moraltheologie in Bonn (1913–1939);
seine Ethik auf neutestamentlicher Grundlage war für die katholische Moraltheologie wegweisend. Tillmann war auch am Aufbau der katholischen
Studentenseelsorge beteiligt.

128

Ortsverzeichnis

Verzeichnis der erwähnten Publikationen
Romano Guardinis

Christliche Besinnung   115
(Fünf Folgen, jede Folge in Einzelheften. Darin zwölf Beiträge R. Guardinis), Würzburg: Werkbund (Abt. Die Burg), 1940 (die Beiträge R. Guardinis erschienen dann u. d. T.: Glaubenserkenntnis, Basel: Hess, 1944; zuletzt als Herder-Taschenbuch 1008, Freiburg 1983)

Der Engel in Dantes Göttlicher Komödie   52
Dantestudien. Erster Band (Alla memoria di mio padre dalle cui labbra fanicullo i primi versi di Dante colsi), Leipzig: Hegner, 1937; (2. Aufl. München: Kösel, 1951)

Form und Sinn der Landschaft in den Dichtungen Hölderlins   21
(Umschlagtitel: Hölderlin und die Landschaft). Vortrag vom 8. Juli 1946 vor der Stuttgarter Hölderlingesellschaft, Tübingen, Stuttgart: Wunderlich, 1946

Der Gegensatz   27
Versuche zu einer Philosophie des Lebendig-Konkreten (Karl Neundörfer zu eigen), Mainz: Der Werkkreis im Matthias-Grünewald-Verlag, 1925
(Vorstufe u. d. T.: Gegensatz und Gegensätze, Mainz 1914; 2. Aufl. 1955)

Vom Geist der Liturgie   31, 89, 117
(Meinen Eltern in Verehrung und Dankbarkeit)
Freiburg: Herder, 1918 (= Ecclesia orans 1); (zuletzt als Herder-Taschenbuch 1049, Freiburg 1983)

Der Herr   109
Betrachtungen über die Person und das Leben Jesu Christi. Würzburg: Werkbund (Abt. Die Burg), 1937 (zuerst in Einzellieferungen u. d. T.: Aus dem Leben des Herrn, 1933–1934; 14. Aufl. Paderborn: Schöningh, 1980, als Herder-Taschenbuch 813, Freiburg 1983)

Hölderlin   53
Weltbild und Frömmigkeit, Leipzig: Hegner, 1939; (3. Aufl., München: Kösel, 1980)

Aus einem Jugendreich   115
(Selbstdarstellung der „Juventus"), Mainz: Grünewald, 1920

Vom Leben des Glaubens   108
(Dem Andenken von Prof. Dr. Karl Braig), Mainz: Grünewald, 1935; 5. Aufl. 1963

Zeittafel

1885   (17. 2.) Geburt in Verona

1886   Übersiedlung der Familie nach Mainz

1891   Eintritt in die Volksschule in Mainz zusammen mit Karl Neundörfer

1903   (7. 8.) Reifeprüfung in Mainz
(Wintersemester) Beginn des Studiums der Chemie in Tübingen (zwei Semester)

1904   (Wintersemester) Beginn des Studiums der Nationalökonomie in München (zwei Semester)

1905   (Wintersemester) Fortsetzung des Studiums der Nationalökonomie in Berlin (ein Semester)

1906   (Sommersemester) Beginn des Theologiestudiums in Freiburg i. Br.

1906–1907 (Wintersemester) Fortsetzung des Theologiestudiums in Tübingen (drei Semester)
Begegnung mit der Liturgie im Kloster Beuron

1908   Berufsentscheidung
(Wintersemester) Eintritt ins Mainzer Priesterseminar

1910   (28. 5.) Priesterweihe (durch Bischof Georg Heinrich Kirstein)
(1. 7.) Kaplan in Heppenheim, Bergstraße

1911   (27. 5.) Kaplan in Darmstadt, Krankenhaus
(1. 8.) Kaplan in Worms, Dompfarrei
(11. 8.) Annahme der deutschen Staatsbürgerschaft als Voraussetzung für die Erteilung des Religionsunterrichts

1912   (16. 4.) Kaplan in Mainz, St. Christoph
(1. 10.) Beurlaubung zum Weiterstudium nach Freiburg i. Br. zur Vorbereitung der Promotion, Wohnung im „Collegium Sapientiae"

1913   (15. 6.) Tod von Josefine Schleußner
Reise mit Wilhelm Schleußner nach Neiße

1915   (15. 5.) Promotion zum Dr. theol. in Freiburg i. Br. mit der Dissertation „Die Lehre des heil. Bonaventura von der Erlösung. Ein Beitrag zur Geschichte und zum System der Erlösungslehre" (gedruckt 1921)
(20. 5.) Kaplan in Mainz, St. Ignaz

1915–1920 Leitung der „Juventus", einer Vereinigung katholischer höherer Schüler in Mainz

1916 (1. 2.) Kaplan in Mainz, St. Emmeran
(21. 8.) Kaplan in Mainz, St. Peter
Einberufung zum Militärdienst als Krankenwärter
Erste Verbindung mit der Abtei Maria Laach

1918 Als erstes Bändchen der Laacher Reihe „Ecclesia orans" erscheint „Vom Geist der Liturgie"

1920 (13. 4.) Beurlaubung zur Habilitation nach Bonn
Erste Begegnung mit der Jugendbewegung beim zweiten deutschen Quickborntag auf Burg Rothenfels
Während der Habilitationszeit zunächst Hausgeistlicher im Institut Sacré-Cœur in Pützchen bei Beuel am Rhein, dann Betreuung der zur Pfarrei Küdinghoven gehörigen Expositur Holtorf (Siebengebirge)

1922 Habilitation an der Universität Bonn für katholische Dogmatik mit der Schrift „Die Lehren vom lumen mentis, von der gradatio entium und von der influentia sensus et motus und ihre Bedeutung für den Aufbau des Systems Bonaventuras" (publiziert 1964)
Privatdozent an der Katholisch-Theologischen Fakultät der Universität Bonn
Vortragszyklus „Vom Sinn der Kirche" auf der Bonner Tagung des Katholischen Akademikerverbandes

1923 (11. 4.) Berufung auf den neu errichteten Lehrstuhl für „Katholische Religionsphilosophie und Weltanschauung" an der Universität Berlin. Aus organisatorischen Gründen ist Guardini Mitglied der Katholisch-Theologischen Fakultät der Universität Breslau mit der Verpflichtung, als ständiger Gast an der Universität Berlin zu lesen

1925 Tod von Karl Neundörfer

1927 Übernahme der Mittwoch-Messe in der Sozialen Frauenschule, Berlin

1928–1943 Gestaltung des sonntäglichen Studentengottesdienstes in Berlin, St. Benedikt

1931 Vortrag auf den ersten Salzburger Hochschulwochen

1936 Nach verschiedenen Wohnungen in Potsdam und Berlin Einzug in das eigene von Rudolf Schwarz erbaute Haus in Berlin-Schlachtensee

1939–1943 Vortragstätigkeit an der Katholischen Volkshochschule in Berlin

1939 (11. 3.) Aufhebung des Lehrstuhls durch die Nazis und Pensionierung
Abendvorträge in Berlin, St. Canisius
Schließung von Burg Rothenfels durch die NS-Machthaber

1943	Übersiedlung von Berlin nach Mooshausen/Allgäu zum Freund Pfarrer Josef Weiger Beginn der autobiographischen Aufzeichnungen
1944	Erster Besuch in Mainz seit 1923
1945	(6. 3.) Hier enden die autobiographischen Aufzeichnungen des gerade Sechzigjährigen
1968	(1. 10.) Romano Guardini stirbt 83jährig in München